J. C. B. Mohr

Im Kampf um die Weltanschauung

Bekenntnisse eines Theologen

J. C. B. Mohr

Im Kampf um die Weltanschauung
Bekenntnisse eines Theologen

ISBN/EAN: 9783743413221

Hergestellt in Europa, USA, Kanada, Australien, Japan

Cover: Foto ©Lupo / pixelio.de

Manufactured and distributed by brebook publishing software (www.brebook.com)

J. C. B. Mohr

Im Kampf um die Weltanschauung

Im Kampf um die Weltanschauung

Bekenntnisse

eines Theologen

Dritte und vierte Auflage

Freiburg i. B., 1888
Akademische Verlagsbuchhandlung von J. C. B. Mohr
Paul Siebeck

Inhalt.

		Seite
I.	Gut und fromm	1
II.	Gott und Natur	11
III.	Einst und Jetzt	28
IV.	Zeit und Ewigkeit	41
V.	Urteilen und Wirken	52
VI.	Christentum und Parteien	72

I.

Gut und fromm.

1.

Man hatte mich gelehrt, daß die Menschen ohne Religion stets böse seien; denn nur die Frömmigkeit mache den Menschen gut. Aber die Wirklichkeit belehrte mich eines andern. Ich lernte Menschen kennen, die einen tabellosen Wandel führten, treu ihre Pflicht erfüllten und für fremdes Wohl sich aufopferten, aber offen bekannten, daß sie nicht an das Dasein eines Gottes glauben könnten. Und ich lernte andere kennen, die nicht bloß fromme Worte redeten, sondern durchaus den Eindruck machten, daß sie von frommen Gefühlen bewegt seien, und doch recht große menschliche Schwächen hatten, ja recht auffällig ihren Worten entgegen handelten. Da ward ich irre und machte mir viele Gedanken.

Ich fragte mich: Warum thun diese Ungläubigen das Gute? Vielleicht darum, weil es, wenn man die Sache recht betrachtet, das Vorteilhafteste ist, was der Mensch thun kann. Wer richtig wandelt, kommt ja im Leben doch am weitesten, bleibt von den traurigen Folgen des Lasters verschont, macht sich einen guten Namen und schmiedet sich sein Glück.

Aber ich fand, daß diese Antwort nicht genügte. Ich nahm höhere Beweggründe wahr, sah Beispiele einer Selbstverleugnung, bei welcher jeder äußere Vorteil ausgeschlossen war, und mußte mich überzeugen, daß den edlen Thaten eine wirkliche Liebe zum Guten zugrunde liege. Es war ein starker Drang, dem Gewissen Genüge zu thun, ein lebendiges Pflichtgefühl, reine Herzensgüte ohne irgendwelche Rücksicht.

Sollte ich meine Augen vor diesen Thatsachen verschließen, weil sie einer vorgefaßten Meinung widersprachen? Ich that es nicht, sondern forschte ihnen nach, um der Wahrheit nicht zu fehlen.

Wenn ich nun diese religionslosen und doch sittlichguten Menschen mit manchen redlichen Frommen verglich, die ich kannte, so mußte ich zugeben, daß die letzteren inbetreff ihres sittlichen Wertes vor den erfteren nichts voraus hatten. Ja wenn ich die beiderseitigen Beweggründe zum Guten abwog, so kam mir vor, daß die einfache Gewissenhaftigkeit ohne jeden Nebengedanken höher stehe, als das Rühmen einer bevorzugten Stellung zu Gott und die Hoffnung eines himmlischen Lohns, mit der die Frommen ihre Gerechtigkeit in Verbindung setzten. Jedenfalls blieb als Ergebnis meiner Betrachtungen dies: Es gibt eine wahre Sittlichkeit auch ohne Religion.

2.

Jetzt ward mir zweifelhaft, ob die Religion eine Notwendigkeit, also auch, ob sie eine Wahrheit sei. Da blieb ich vor mir selbst stehen und fragte mich: Kannst du ihrer entbehren?

Ich prüfte mich, ob das, was ich als mein religiöses Leben betrachtete, nicht etwa bloß etwas Angelerntes oder Ererbtes sei, eine süße Jugenderinnerung, ein holder Klang aus dem Vaterhause, dessen Zauber mich gefangen halte. Aber ich fand, daß mein Glaube viel mehr noch, als bereinst, einem gegenwärtigen inneren Bedürfnisse entspreche, und der Verlust desselben mir die Wurzel meines Geisteslebens durchschneiden würde.

Ich habe das Zeugnis meines Gewissens, daß meine Liebe zum Guten und mein Streben nach sittlicher Vollendung von jeder äußeren Rücksicht frei ist, daß ich alles Rühmen hasse und von keinem Gedanken an einen Lohn beeinflußt bin. Aber ich kann mit meinem Bewußtsein nicht in der Luft schweben, ich muß an dem Stamme bleiben, dem ich entsprossen bin, Geist am ewigen Geiste.

Ich will mich selbst verstehen, ich kann die Ahnung einer ewigen Wahrheit in meinem Innern nicht unterdrücken und im Traume leben. Ich muß wissen, warum ich das Gute liebe und nach sittlicher Vollendung strebe, damit ich es in voller Klarheit thue und nicht mir selbst ein Rätsel bleibe.

Und da finde ich nirgends Antwort, als im Glauben an den Urquell und Inbegriff alles Lebens, den lebendigen Gott.

Die Welt, in der ich lebe, überwältigt mein Gefühl und erfüllt mich mit dem Schauer der Unendlichkeit. Soll ich mich von ihr erdrücken lassen und in mein Nichts versinken? Oder soll ich mich mit frevlem Sinn auf einsame Höhe stellen und ausrufen: Ich stehe über allem, denn ich habe Vernunft und Freiheit? Ich kann es nicht; ich muß anbeten, ich muß mich aufs tiefste vor dem Unendlichen demütigen und zugleich mich ihm verwandt fühlen als Leben vom ewigen Leben.

Ich muß lieben; nicht bloß an einzelnes mich liebend anhängen, sondern mein ganzes Herz voll und ungeteilt hingeben, mit allem, was ich bin, mich anklammern an das Wesen, das alles in allem ist.

Ich muß danken, mein ganzes Dasein als Geschenk empfinden, vor allem meines innern Lebens mich ungestört erfreuen, indem ich es dahin kehre, woher es entsprungen ist.

Ich muß vertrauen, mich geliebt wissen, die Sicherheit haben, daß mein heiligstes Sehnen und Verlangen keine Selbsttäuschung ist, kein Ausstrecken der Hand nur von meiner Seite, sondern daß die Hand, die ich suche, mir entgegenkommt, der Geist, dem ich meine Seele öffne, sich zu mir herniederneigt und sich mir verbindet.

Ich kann mich nicht selbst von meinen Sünden freisprechen, denn ich habe nicht gegen mich allein gesündigt, sondern gegen ein ewiges Gesetz über mir. Dort, wo dieses Gesetz seinen Ursprung hat, muß ich meinen Frieden suchen, mein unruhiges Herz stillen und meine Wunden heilen.

Kurz, ich muß leben. Ohne Religion kann ich nicht leben.

3.

Ich sah mich in der Geschichte um und fand, daß alle Völker das Bedürfnis gefühlt haben, ihr endliches Sein an das unendliche anzuschließen, und daß dieses Bedürfnis der Grund aller religiösen Erscheinungen ist.

Allerdings sind diese Erscheinungen sehr verschieden, und manche haben darin den Beweis finden wollen, daß sie auf Täuschung beruhen. Die Naturvölker, deren Gedanken über die sichtbare Welt, und deren Wünsche über die Befriedigung ihrer sinnlichen Natur nicht hinausgingen, sahen in ihren

Göttern nur höhere Naturwesen und suchten bei denselben nicht mehr, als was ihnen eben begehrenswert war. Die Kulturvölker, welche in einem ausgebildeten Gemeinschafts=leben die Güter und Ziele der Gesittung kennen gelernt hatten, dachten sich die Himmlischen auch als Schöpfer und Hüter der sittlichen Ordnungen und des Kulturlebens und erwarteten von ihnen Sicherung und Förderung nicht bloß ihres natür=lichen, sondern auch ihres geistigen Besitzes. Wo aber das Geistesleben sich zu voller Selbständigkeit entwickelt hatte, und der Mensch in demselben sein eigenstes, wahres Wesen erkannte, da richtete er sehnsuchtsvoll den Blick zu dem Gotte auf, welcher Geist ist, und begehrte, sich in den Tiefen seines Gemütes mit ihm zu verbinden, um zu innerer Voll=endung und ganzem, vollem Leben zu gelangen.

So richtet sich der Inhalt des religiösen Lebens nach dem geistigen Standpunkte eines Volkes oder einer Zeit. Aber das Bedürfnis ist überall das gleiche; es geht darauf hinaus, das endliche Sein an das unendliche anzuschließen, um es zu sichern und zu fördern. Alle religiösen Erschei=nungen weisen auf dieses Grundbedürfnis hin, welches so=nach durch die Geschichte als ein wesentlicher Zug der mensch=lichen Natur bezeugt ist.

4.

Die gleichen Unterschiede im religiösen Leben, welche die Geschichte bei Völkern und Zeiten aufweist, fand ich auch in meiner Umgebung bei den einzelnen Menschen.

Unter denen, die als Glaubensgenossen gelten und sich selbst wohl auch als solche ansehn, die gleichen Worte reden und gleiche Form der Gottesverehrung haben, beobachtete ich einen sehr verschiedenen Geist. Die einen suchen Gott um seiner selbst willen, weil sie danach verlangen, mit ihm eins zu sein und dadurch gut, vollkommen und in ihrem Innern selig zu werden. Die andern machen sich mit ihm zu schaffen, um durch seine Macht vor äußerem Schaden sich zu schützen und äußeres Glück zu erlangen.

Darum ist er für die einen wesentlich der Urquell des Geisteslebens, für die andern nur der allmächtige Herr der sichtbaren Welt. Die ersten sind aufrichtig gegen ihn, trachten nach der vollen Gerechtigkeit und Reinheit des Herzens und des Wandels, sind sich deshalb ihrer Mangelhaftigkeit stets bewußt, rühmen sich keines Verdienstes, finden den Lohn der Liebe in ihr selbst, verlangen nichts, als Gnade, und nehmen die Leiden des Lebens als Läuterungsmittel an. Die letzteren dienen Gott aus Furcht vor sinnlicher Strafe oder in Erwartung eines sinnlichen Lohnes, bieten ihm äußere, dem Herzen fremde Gaben, um äußere Gegengaben zu empfangen, verlassen sich auf ihre Frömmigkeit, die sich doch mit den größten sittlichen Fehlern verträgt, werden irre, wenn Trübsal hereinbricht, und trösten sich höchstens mit der Hoffnung auf eine zukünftige Vergeltung.

Diese Gegensätze habe ich in den mannigfaltigsten Formen und Abstufungen gefunden, von der sittlich reinsten Frömmigkeit an bis zur rohsten Selbstsucht in religiöser Gestalt, oft auch so ineinander übergehend, daß die Grenzlinie schwer zu ziehen war. Doch ob sie leicht oder schwer sich voneinander sondern lassen, und wie verschieden auch ihre Aeußerungen sein mögen, sie machen den eigentlichen Inhalt des religiösen Lebens aus und bilden deshalb die wesentlichen Unterschiede in demselben, während alle andern mehr Unterschiede der Formen und Vorstellungen sind.

Da forschte ich nach, worin dieselben wohl ihren Grund haben, und erkannte, daß dies die Gesinnung, die sittliche Grundbeschaffenheit sei. Der Mensch sucht in Gott, was ihm das Höchste und Wünschenswerteste ist. Der gute Mensch, d. h. derjenige, der den Wert des Guten erkannt hat und von ganzem Herzen danach trachtet, schaut, wenn er religiös gestimmt ist, zum Himmel, um in der Gemeinschaft mit dem Vater alles Guten seine innere Vollendung zu erlangen. Der sinnliche Mensch, d. h. derjenige, welcher im sinnlichen Wohlbefinden das Ziel seiner Wünsche hat, erhebt, wenn er Religion besitzt, den Blick aufwärts, um von dem Herrn der Welt Erfüllung seines sinnlichen Begehrens zu erreichen.

5.

Ich sah unsittliche Menschen, die doch ein sehr ausgeprägtes religiöses Leben an den Tag legten. Ich dachte: Es wird nur Heuchelei sein, ein bloßes Nachahmen anderer, oder ein berechnetes Spiel, um Ehre oder Vorteile zu gewinnen. Aber ich fand es bei genauer Beobachtung anders und konnte mir nicht verhehlen, daß zuweilen ein wirkliches religiöses Bedürfnis zugrunde lag, ein leidenschaftliches Gefühl und glühendes Verlangen, sich in die Tiefen des Unendlichen zu versenken. Sie empfanden im Gebet und in der Beschauung eine wirkliche innere Befriedigung und dürsteten danach, mit ihrem Sündenbewußtsein sich in die göttliche Gnade unterzutauchen. Dennoch fehlte ihnen aller sittliche Ernst. Sie haßten die Sünde nicht und machten deshalb gar keine Anstrengungen, sie zu überwinden. Sie waren durchaus verlogen und hatten einen gemeinen Sinn. Sie waren imstande, inbrünstig zu beten, danach einen Frevel zu begehen und wiederum in Andacht hinzuschmelzen.

Ich fragte: Wie soll ich mir das erklären? Diese suchen ja nichts für ihr sinnliches Wohlbefinden bei Gott, sondern verlangen nur nach ihm selbst, und sind doch nicht gute Menschen. Da sah ich mir ihre Gottesfurcht genau an und merkte, daß sie imgrunde selbst nur ein sinnliches Behagen ist. Sie ist eine Erregung des Gefühls, welche eine große Verwandtschaft mit der Wollust hat, und wirkt deshalb auch, wie diese, sittlich entnervend. Ihre Leidenschaft ist nichts Besseres, als jede schlechte Leidenschaft, und kann dieselbe Thatkraft erzeugen, aber nicht eine Kraft zum Guten, sondern zum Bösen. Ihre Religion ist deshalb dem Inhalte nach nichts anderes, als die Religion derer, welche Gott um äußerer Güter willen dienen, und hat mit der sittlichreinen Frömmigkeit nichts gemein.

So kam ich zu der Erkenntnis, daß, wie man sittlichgut sein kann, ohne Religion zu haben, es auch Religion ohne sittliche Güte gibt.

6.

Bei diesen Erfahrungen wollte mir fast scheinen, daß der Wert der Religion ein zweifelhafter sei. Aber ich dachte euer, ihr reinen frommen Seelen, die ich auf meinem Lebenswege kennen gelernt, und denen ich mein Bestes zu danken habe. Wie oft habe ich die Weihe empfunden, die auf euch ruht, und mich unter ihrem Einflusse über mich selbst erhoben gefühlt. Ihr nehmt das Leben so ernst, und auch das Kleinste, was zu eurer innern Vervollkommnung dient, ist euch wichtig; denn alles hat euch eine Bedeutung für die Ewigkeit und euer Denken und Thun vollzieht sich vor dem Angesicht des heiligen Gottes. Und doch seid ihr allezeit so heiter und glücklich, so mild und sanft, daß ein unruhiges Herz in eurer Nähe den

Hauch des Friedens empfindet; denn ihr fühlt euch im Einklang mit dem Einen und Wahrhaftigen, eure Sünden vergeben, seinen Geist in eurem Gemüte.

Ihr seid reich in der Armut, demütig im Reichtum, frei im Zwang, gehorsam in der Freiheit, Herren der Welt und aufopfernd im Dienste der Liebe; denn weil ihr Gott habt, seid ihr euch bewußt, alles zu haben, und weil ihr ihn Vater nennt, seid ihr niemandes Knechte. Ihr wandelt so sicher euren Weg, ihr blickt so klar in die Welt, ihr schickt euch so leicht in alle Verhältnisse, ihr seid so dankbar in der Freude und tragt so geduldig die Lasten des Lebens; denn alles Irdische ist euch vom Lichte des Himmels verklärt und das Zeitliche mit dem Ewigen verknüpft.

Hier ist Fülle des Lebens, und wer das einmal geschaut und diese Luft einmal geatmet hat, der kann nirgends sonst Befriedigung finden. Wer dafür kein Verständnis besitzt, der sage nicht, daß er die Menschennatur kenne. Er hat vielleicht ihre Knospe, aber noch nicht ihre Blüte gesehn.

Wie in der Knospe ein holdes Geheimnis schlummert, so in dem guten Menschen ohne Religion. In seiner sittlichen Arbeit hat er das Leben des Geistes in sich ausgebildet, aber es hat sich der Sonne noch nicht erschlossen, in deren Scheine es sich doch entwickelt hat. Eine Ahnung des Ewigguten, der alles in allem ist, hat ihn ergriffen, und die ganze Bewegung seines Innern drängt zu ihm hin, aber er ist noch nicht zum Anschauen desselben hindurchgedrungen, und darum versteht er auch sich selbst noch nicht. Wohl ist die edle Knospe etwas viel Besseres, als eine unedle Blüte, und die edle Blüte kann nur aus edler Knospe sich entfalten. So steht auch ein reich entwickeltes Geistesleben ohne Religion hoch über dem religiösen Denken eines gemeinen Sinnes. Aber es ist noch nicht in sich vollendet, nur in der Religion kann es zur vollen Entfaltung kommen.

7.

Wenn sittliche Güte die Knospe und rein sittliche Frömmigkeit die Blüte ist, so muß die Sittlichkeit der Religion vorausgehen. Lehrt aber nicht ein Blick in das Leben das Gegenteil? Wir haben doch von Jugend auf das Sittlichgute als göttliches Gebot kennen gelernt, die Religion war uns die Lehrerin der Sittlichkeit. Und wir verlangen von ihr, daß sie den Menschen gut mache, und sehen den rechtschaffenen Wandel als die Frucht des echten Glaubens an.

Ich suchte mir darüber klar zu werden und erwog, daß es sich hier um eine geschichtlich überlieferte Religion handelt. Es wäre also die Frage nicht, was wir zuerst empfangen haben, sondern was bei der Entstehung der Religionen das Grundlegende gewesen ist. Da lehrt aber doch eine geschichtliche Betrachtung, daß jeder Fortschritt oder Rückschritt in der sittlichen Entwicklung auch eine Veränderung im religiösen Leben hervorgebracht hat.

Die religiösen Fortschritte haben sich allerdings stoßweise durch prophetische Persönlichkeiten vollzogen. Aber wer waren diese? Geister, in welchen die vorwärts drängenden Bestrebungen ihrer Zeit wie in einem Brennpunkte sich zusammenfaßten und das Licht eines neuen religiösen Gedankens erzeugten, der allen Strebenden die gewünschte Klarheit über sie selbst gab und ihre Fragen beantwortete. Ohne ein solches vorausgegangenes Ringen neuer sittlicher Kräfte in der Menschheit sind diese Persönlichkeiten gar nicht zu verstehen.

Wohl kommt noch ein geheimnisvolles Etwas in ihnen selbst hinzu, das gerade sie befähigt hat, die sittliche Entwicklung in einem neuen religiösen Leben zum Abschluß zu bringen. Aber wie man sich das auch erklären möge, es ist doch immer ein sittliches Wachstum, ein höheres Erfassen des Sittlichguten, was dem Gottesbegriff und dem Leben der Frömmigkeit den neuen Inhalt gibt.

Von der Verehrung der Naturgötter zur Anbetung sittlicher Gottheiten konnte der Weg nur durch die Ausbildung eines sittlichen Lebens hindurchgehen. Denn wie hätte der Gedanke an Urheber und Schützer des Sittlichguten entstehen können, wenn dieses selbst noch unbekannt gewesen wäre?

Und wie ist ein Fortschritt denkbar von der Vorstellung von Gottheiten, welche nur einzelne Seiten des Guten vertreten, zu dem Begriff des einen, vollkommenen, heiligen Gottes, wenn nicht ein fortgeschrittenes Verständnis für das Gute in seinem Zusammenhange den Menschen getrieben hätte, die Quelle desselben tiefer zu suchen?

So erzeugt die Religion nicht ihren sittlichen Inhalt, sondern bringt ihn nur in seinen richtigen Zusammenhang mit dem Unendlichen und verkündet ihn den kommenden Geschlechtern durch Wort und Leben als den Willen des Höchsten.

8.

Wir haben von Jugend auf das Gute als den Willen Gottes kennen gelernt. Das ist ein großer Gewinn; denn es steht dadurch in seiner wahren Bedeutung und Herrlichkeit vor unsern Augen. Der größte Teil der Menschen, das sogenannte Volk, kann es überhaupt nur in diesem Lichte sehen, und mit der Religion würde man ihm auch die Sittlichkeit nehmen.

Dem sittlich entwickelten Menschen ist es zwar auch in seinem eigenen Lichte schön und liebenswert, aber ich schätze mich glücklich, daß ich gelernt habe, es in dem Glanze zu schauen, der von dem Ewigen ausgeht. Denn ich kann es als meine eigene Erfahrung bestätigen, daß es in dieser Beleuchtung ganz neue Reize erhält und eine viel größere Lebendigkeit gewinnt, so daß es mächtiger auf Gemüt und Willen einwirkt, vorausgesetzt, daß der gleiche sittliche Ernst und das gleiche sittliche Streben vorhanden ist.

So übt die reine Frömmigkeit einen stetig fördernden Einfluß auf die Sittlichkeit aus.

Aber auch umgekehrt. In dem Frommen erhöht jedes Wachstum des sittlichen Lebens auch das religiöse. Denn wirkliche Geistesreligion läßt sich durch keinen Unterricht erlernen, sowenig als sittliche Güte. Ich kann sagen: Gott ist gut und vollkommen. Aber was ich mir dabei denke, hängt von dem Maße dessen ab, was ich in meinem sittlichen Leben von dem Guten erfahren habe.

Man könnte dem entgegenhalten, daß dann der Sünder sich nie zu Gott bekehren könne. Ja, das vermag er auch nicht, so lange er sich in der Sünde wohl fühlt, also dem Sittlichguten durchaus abgewendet ist. Aber der Sünder, welcher nach Erlösung schreit, hat bereits ein höheres sittliches Leben, als der sogenannte Gerechte, der mit einem Scheine des Guten zufrieden ist. Denn aus welchem andern Grunde fühlt er sich elend, als weil sein inneres Leben sich so weit entwickelt hat, daß er mit Sehnsucht einem wirklichen Guten zugewendet ist? So hat er in Wahrheit mehr sittliche Güte, als jener, und denkt sich unter der Vollkommenheit Gottes etwas Höheres. Wir dürfen uns durch den Schein nicht täuschen lassen. Der sittliche

Wert eines Menschen bemißt sich nicht nach dem, was vor Augen ist.

Je reicher das sittliche Leben sich entfaltet, desto mehr vertieft sich das religiöse. Je tiefer das religiöse Leben wurzelt, desto größere Kraft führt es dem sittlichen zu. Welch eine Wechselwirkung zur richtigen Entfaltung der Menschennatur!

II.

Gott und Natur.

———

1.

Mancherlei Einwände gegen den Gottesglauben hatten sich mir bei genauerer Betrachtung als nichtig erwiesen, aber auf einen mußte ich immer wieder zurückkommen. Man zeigte mir Widersprüche, in welche dieser Glaube hineinführe.

„Wir reden von unabänderlichen Naturgesetzen, suchen uns in der Wissenschaft und im gewöhnlichen Leben alles aus denselben zu erklären und geben uns nicht zufrieden, bis wir die natürlichen Ursachen gefunden haben. Wie verträgt sich das mit der Vorstellung von einem frei waltenden und alles wirkenden Gotte?"

„Wir nennen das, was geschieht, gut oder schlimm, je nachdem es unser Wohlbefinden fördert oder hindert, suchen das Gute uns zuzuwenden und das Schlimme abzutreiben und greifen zu diesem Zwecke in den Gang der Natur ein. Wie reimt sich das mit dem Gedanken, daß alles von Gott komme?"

„Wir halten es für den Vorzug eines edlen Menschen, barmherzig zu sein und die Wunden, welche das Schicksal schlägt, nach Kräften zu heilen. Wie stimmt das zu dem Glauben an einen barmherzigen Vater, welcher der Herr des Schicksals ist?"

Solches hielt man mir entgegen, um mich zu überzeugen, daß ich in einem Wahne befangen sei. Ich setzte mich nicht darüber hinweg und geriet, je mehr ich darüber nachsann, immer tiefer in ein Gewühl streitender Gedanken hinein, aus welchem ich erst nach langer Zeit den Ausweg fand. Denn ich mußte zugestehn, daß jene Widersprüche zwischen meinen religiösen Anschauungen und meiner alltäglichen Betrachtungsweise vorhanden und schon oft von mir gefühlt worden seien.

2.

Es zieht ein Gewitter heran. Wir wissen, wie es entstanden ist, wir wundern uns nicht über Blitz und Donner, Sturm und Regen, denn wir kennen ihre Ursachen und Gesetze, und wenn wir auch im einzelnen Falle nicht vorauszusagen können, welchen Verlauf es nehmen wird, so sind wir doch überzeugt, daß derselbe durch das gesetzmäßige Zusammenwirken aller vorhandenen Umstände genau vorgeschrieben ist und nur ein ganz bestimmter sein kann, gleichwie aus einer Reihe von Zahlen sich nur eine Summe ergibt, so oft man sie zusammenzählt. Und doch sagen wir, von heiligem Schauer ergriffen: Wie groß ist der Herr im Wetter. Er führt die Wolken herbei und schleudert die Blitze und redet im Donner, und wenn das dürre Erdreich nach Erquickung schmachtet, so danken wir ihm für die Gabe des Regens.

Wie nun? Muß das Gewitter seinen Weg gehn nach unabänderlichen Gesetzen, oder führt es Gott nach Belieben, und könnte er es auch anders führen, als er thut? Muß es unter den vorhandenen Bedingungen regnen, oder kann Gott den Regen auch zurückhalten? Hier gilt kein Ja oder Nein, sondern nur ein entschiedenes Entweder — oder.

Das Wetter nimmt ein drohendes Aussehen an. Wir fürchten für die reiche Ernte, die auf den Feldern reift, und beten: Herr, mache es gnädig und verschone uns. Aber der verheerende Hagel braust hernieder, in kurzer Zeit sind alle die schönen Hoffnungen vernichtet, und eine grauenhafte Verwüstung starrt uns entgegen. Nun beten wir nicht mehr um Verschonung. Wir sprechen nicht: Herr, du kannst thun, was du willst; richte die zerbrochenen Halme wieder auf und stelle das Zerstörte wieder her.

Warum nicht? Wenn Gott allmächtig ist, warum konnte er nur vorher den Hagel abwenden, kann aber nicht die Folgen desselben ändern? Ist das nicht ein Widerspruch?

Ein geliebter Mensch ringt auf dem Krankenlager mit dem Tode. Die Seinen liegen auf den Knieen und rufen den Allmächtigen an. Du kannst alles thun, beten sie, bei dir ist kein Ding unmöglich. Thue der Krankheit Einhalt und schenke uns das teure Leben. Nun ist er verschieden, und trauernd suchen sie das Unvermeidliche zu tragen. Aber keinem, auch dem Gläubigsten nicht, kommt es in den Sinn, Gott um Auferweckung des Toten zu bitten.

Ist denn nun die Allmacht zu Ende? Kann der, bei welchem alles möglich ist, nur den Sterbenden wieder gesund machen, den Gestorbenen aber nicht? Niemand denkt daran, und doch ist es ein Widerspruch.

3.

Durch solche Betrachtungen kam ich zu folgendem Schlusse. Wenn wir den Glauben an Gott nicht aufgeben wollen, so müssen wir uns die Allmacht anders denken, als es gewöhnlich geschieht. Wir dürfen das natürliche, gesetzmäßige Geschehen und das göttliche Wirken nicht in Gegensatz bringen. Beides muß imgrunde dasselbe sein. Es muß ganz gleichbedeutend sein, ob ich sage: Gott führt ein Gewitter herauf, oder: Es zieht herauf nach dem Naturgesetze. Das kann aber nichts andres heißen, als: Gott wirkt im Gesetz, das Gesetz ist sein Wille, und das gesetzmäßige Geschehen ist sein Thun.

Bei genauer Erwägung dieses Schlusses fand ich, daß er nicht nur einem folgerichtigen Denken, sondern auch der Frömmigkeit entspricht. Denn wenn der Naturvorgang vom göttlichen Wirken unterschieden ist, so geht er neben demselben her und ist etwas für sich. Gott aber ist nicht mehr alles in allem. Will man aber ein doppeltes Wirken Gottes annehmen, ein natürliches und ein übernatürliches, so kommt in unsre Vorstellung von dem Höchsten ein Zwiespalt, der bei zahllosen Gelegenheiten unser religiöses Leben bedrängt. Wir schwanken dann fortwährend zwischen Gott und Natur hin und her, nehmen Gott nur zur Aushilfe, wo wir mit der Natur nicht auskommen zu können meinen, und die Folge ist, daß wir uns weder in der Natur heimisch fühlen, noch auch vollen Frieden mit dem allwaltenden Gott haben.

Es ist unmöglich, daß das Gewitter anders verlaufe, als es verläuft. Das fordert nicht nur die Wissenschaft, sondern auch der Glaube. Denn wenn Gott es anders machen könnte, warum thut er es nicht? Einst antwortete ich: Er will eben nicht, und meinte damit fertig zu sein. Aber sollte ihm etwas möglich sein, das er nicht will? Sollte er auch gegen seinen Willen handeln können? Das ist doch nicht fromm gedacht.

Wir dürfen also in Beziehung auf Gott gar nicht von einer Möglichkeit reden, die nicht zugleich Wirklichkeit ist. Gott thut, was er thut, und es ist wirklich unmöglich, daß er etwas andres thue, unmöglich vorher, wie nachher. Solche Möglichkeit ist nur ein Gedankenspiel von uns, womit wir vielleicht Gott zu ehren meinen, aber es durchaus nicht thun.

4.

Ich fragte: Warum reden wir doch von dem, was geschieht, in so verschiedener Weise: Wir sagen einmal: Es regnet, ein andermal: Gott gibt uns Regen. Bald sprechen wir: Die Arznei hat dem Kranken geholfen, bald: Gott hat ihn gesund gemacht. Jetzt heißt es: Der Mensch ist gestorben, und dann: Gott hat ihn abgerufen. Ist diese Verschiedenheit der Ausdrucksweise nicht verwirrend?

Eine einfache Beobachtung zeigte mir vielmehr die Notwendigkeit derselben.

Für das äußere Leben kommt nichts andres in Betracht, als die Thatsache, ihre Ursachen und ihre Wirkungen. Es regnet — das ist der Naturvorgang, das hat seinen Grund in andern Naturvorgängen und seine natürlichen Folgen, die unzweifelhaft eintreten. Diese Folgen können für unser Befinden, unsre Gesundheit, unsre Nahrung förderlich oder hinderlich sein, und je nachdem nennen wir die Witterung gut oder schlimm, freuen uns darüber oder sind betrübt.

Das ist die natürliche Betrachtung der Dinge. So müssen wir sie ansehn und behandeln, weil wir selbst Naturwesen sind, zur äußern Natur gehören und in den Zusammenhang derselben verflochten sind. Es wäre Unnatur, also auch Unwahrheit, wenn wir den Namen Gottes da hineinziehn wollten, wo es sich nur um das einfache Geschehen handelt, sei es in der Wissenschaft oder im Alltagsleben.

Etwas ganz andres ist es, wenn wir das ausdrücken wollen, was das fromme Gemüt bei einem Naturvorgange empfindet. Erregt er unsre Freude in einer Weise, daß wir zu einer dankbaren Erhebung des Herzens gestimmt werden, so sagen wir: Gott segnet uns in dem, was da geschieht. Bedrängt er uns in einer Art, daß wir uns genötigt finden, unser inneres Gleichgewicht durch den Gedanken an den Höchsten zu erhalten, so sprechen wir: Gott prüft uns mit dem, was er uns schickt.

Das ist die religiöse Betrachtung der Dinge. So müssen wir sie anschauen, weil wir nicht bloß Naturwesen sind, sondern ein Geistesleben führen, das uns mit dem Ursprung alles Seins verbindet.

Beide Betrachtungsweisen gehören zusammen, wie Aeußeres und Inneres. Man darf keine für überflüssig oder unberechtigt halten, aber auch nicht beide ineinander mengen.

Ich rede, wie ich es fühle. Ich drücke mich religiös aus, wenn etwas ungezwungen eine fromme Empfindung in mir erregt und mich an meinen Zusammenhang mit dem Höchsten erinnert. Was mich nicht so berührt, betrachte ich einfach als einen Vorgang. Wenn ich z. B. irgendwo einen unbedeutenden Einkauf gemacht habe und zufrieden bin, so sage ich nicht: das kommt von Gott, daß ich diesen Ort gefunden. Und wenn es mir an einem heißen Tage etwas unbehaglich ist, so denke ich nicht: Gott sendet mir diese Hitze, um mich zu prüfen. Ich würde das für eine unwürdige Art zu reden halten, weil die Dinge, um die es sich handelt, zu geringfügig sind. Aber kommt das Kleine nicht in demselben Sinne von Gott, wie das Große? Und was ist klein, und was ist groß vor ihm?

5.

Ein Haus steht in Flammen. Mit ungeheurer Anstrengung arbeitet die Feuerwehr, um der feindlichen Macht Einhalt zu thun und die benachbarten Gebäude zu schützen. Es ist eine Freude, zu sehen, wie jeder seine Pflicht thut, und alles in vollkommener Ordnung nach einem Plane vor sich geht. Und wenn das Ziel erreicht ist, lobt man die braven Leute und ihre tüchtige Leitung und sagt: Sie haben weiteres Unglück verhütet.

Ein Erblindeter hat durch eine gelungene Operation sein Augenlicht wieder empfangen und kehrt mit Freuden heim. Er schaut entzückt in die schöne Welt, sieht mit Lust das Angesicht seiner Freunde und fühlt sich wie neugeboren. Da rühmt er die ärztliche Kunst, wie sie es so weit gebracht habe, und preist die Geschicklichkeit des Mannes, der ihm seine Augen wieder geöffnet hat.

Wir finden das alles natürlich. Aber ich mußte fragen: Wie verträgt es sich mit dem Glauben, daß Gott alles wirke? Wir sagen mit voller Sicherheit: Wenn Menschenhand nicht Einhalt gethan hätte, so hätte das Feuer weiter gewütet, bis ihm die Nahrung ausgegangen wäre, und wenn der Arzt den Blinden nicht operiert hätte, so wäre er sein Lebenlang nicht wieder sehend geworden.

Auch stimmt das ganz zu unserm sittlichen Bewußtsein. Wir haben die Ueberzeugung, daß wir etwas wirken können, und nennen das unsere Freiheit, die Macht, nach eigener Bestimmung zu handeln und damit in den Gang der Dinge einzugreifen. Und unser Gewissen sagt uns, daß wir das thun sollen, wir fühlen es als unsre Pflicht und die Unterlassung als Unrecht.

Auf dieser Anschauung beruht unsre ganze Sittlichkeit. Wie können wir aber dann noch sagen, Gott thue alles, und alles komme von ihm?

Ich hörte die Antwort: Wir müssen thun, was in unsern Kräften steht, aber es liegt in Gottes Hand, das Gelingen dazu zu geben. Das schien auf den ersten Blick wohl gut gesagt. Aber je mehr ich ihm nachdachte, desto weniger konnte ich einen rechten Sinn darin finden.

Wenn nach dem Naturgesetz jede Ursache ihre ganz bestimmte Wirkung hat, so muß auch jede menschliche That ihre entsprechende Folge haben, denn sie greift als eine Kraft in den Naturvorgang ein. Wenn eine bestimmte Menge Wasser ein Feuer von bestimmter Größe auslöscht, so ist es ja ganz gleich, ob dieses Wasser als Regenguß aus der Wolke fällt oder von Menschenhand über die Flamme ausgeschüttet wird. Es ist also die Frage wieder die: Kann Gott machen, daß, wenn ganz dieselbe Ursache vorhanden und in jeder Beziehung alle Bedingungen gleich sind, die Wirkung so oder so ausfalle? Steht es in seinem Belieben?

So fand ich mich wieder in dem schon früher beschriebenen Gedankengange. Ich mußte antworten: Wenn das Naturgesetz etwas neben dem göttlichen Willen Bestehendes und blind Waltendes ist, so ist ihm gegenüber ein besonderes Wirken Gottes denkbar, ja notwendig. Wenn es aber der Wille Gottes selbst ist, so ist nicht abzusehn, wie Gott neben diesem seinem Willen noch einen andern haben solle. Ich kann aber das Naturgesetz nicht von Gott trennen, denn damit würde ich ihn beschränken. Also bleibt nur eines übrig: Im Bereiche der Natur gibt es keinen andern Willen Gottes, als den, welcher im Naturgesetze sich uns darstellt, und das gesetzmäßige Geschehen ist das allein mögliche.

6.

Bei genauer Beobachtung unsrer Denkweise fand ich denn auch, daß wir alle die Sache eigentlich nicht anders ansehn. Wenn zwei Kriegsheere von ungleicher Stärke gegeneinander ziehen, so beurteilen wir die Wahrscheinlichkeit des Siegs zwar nicht bloß nach den Zahlen. Auch das kleinere Heer kann siegen, wenn es tapferer, besser geführt, besser ausgerüstet ist. Das sind jedoch alles natürliche Bedingungen. Wenn nun aber sämtliche natürlichen Bedingungen vollkommen gleich wären, wovon würde die Entscheidung abhängen? Gott gibt den Sieg, wem er will, antwortet einer. Nun ja, wenn das eine Heer etwa fünfzigtausend, das andre sechzigtausend Mann stark ist, macht ihm diese Antwort keine Schwierigkeit. Aber wenn nur fünfzig gegen sechzigtausend ständen, würde er sie wiederholen? Ganz gewiß nicht, sondern er würde sprechen: Das Häuflein ist von vornherein verloren; es ist unmöglich, daß es siege.

So hat sein Glaube, daß Gott den Sieg beliebig gibt, an einem gewissen Punkte sein Ende.

Was würden wir von der Regierung eines kleinen Landes sagen, welche im Vertrauen darauf, daß Gott das Recht schützen werde, einem mächtigen Staate den Krieg erklärte? Wohl ist es in der Geschichte vorgekommen, daß ein kleines Volk einem großen siegreich widerstanden oder gar ein großes Reich zertrümmert hat. Aber das findet stets in dem innern Verfall des Großstaates, in der Ungleichheit der Kriegführung oder andern natürlichen Ursachen seine hinreichende Erklärung. Doch wie, wenn kein derartiger Bundesgenosse vorhanden wäre, sondern nur das gute Recht, würde irgend jemand eine Regierung loben, die unter Berufung auf Gottes Beistand einen völlig ungleichen Kampf unternähme?

Die einen würden sagen: Sie ist unsinnig und gewissenlos. Die andern würden dasselbe mit den Worten ausdrücken: Das heißt Gott versuchen. Liegt aber darin nicht das Zugeständnis, daß da, wo es sich um die Entscheidung durch die Waffen handelt, Macht vor Recht gehe, und auch Gott selbst nichts daran ändern werde?

So erkennen wir alle wenigstens bis zu einem gewissen Punkte an, daß die Folgen menschlicher Handlungen nach unabänderlichen Gesetzen eintreten, und wenn wir den allwaltenden Gott nicht leugnen oder sein Wirken nicht auf einzelne Gebiete beschränken wollen, sehen wir uns zu dem Schlusse genötigt, daß diese Gesetze nichts andres sind, als sein Wille.

7.

So offenbar auch diese Thatsachen sind, ich mußte doch zugeben, daß es uns schwer wird, uns in dieselben zu schicken. Das fromme Gemüt hat eine gewisse Scheu, dieselben anzuerkennen, denn es besorgt, Gott könne ihm dadurch entfremdet werden.

Wir haben als Menschen die Macht, uns selbst zu bestimmen, ob wir so oder so handeln wollen, und erblicken in dieser unsrer Freiheit die Würde unsrer geistigen Anlage, welche uns über die Natur erhebt. Darum fürchten wir, Gott unter uns zu stellen, wenn wir solche Freiheit ihm absprechen und sein Walten als ein notwendiges betrachten.

Das ist aber ein Irrtum. Denken wir uns einen vollkommen guten Menschen; wird er die Macht haben, Böses zu wollen? Unmöglich, sagen wir; denn sonst wäre er ja nicht vollkommen gut. Also finden wir schon bei dem Menschen, daß bei zunehmender Vervollkommnung sein Wollen immer mehr ein sich gleichbleibendes, notwendiges wird, und wenn wir die Möglichkeit, zwischen Gutem und Bösen zu wählen, Freiheit nennen, so ist dieselbe ein Zeichen sittlicher Unvollkommenheit. Wir nennen sie aber mit Unrecht Freiheit, sollten vielmehr sagen: Frei ist nur der, welcher nichts andres will, als das Gute, und in diesem Wollen durch nichts beschränkt wird. Wenn wir also das göttliche Wollen als die vollkommene Notwendigkeit ansehen, so schreiben wir ihm die unbeschränkte Freiheit zu, denn die Notwendigkeit liegt ja in ihm und nicht außer ihm.

Doch jene Besorgnis wurzelt noch tiefer. Wir betrachten es als unsre sittliche Aufgabe, die äußere Natur in unsern Dienst zu nehmen und zur Verwirklichung dessen, was wir gut nennen, zu gebrauchen. So müssen wir das Walten ihrer Kräfte als ein rohes, oftmals uns feindseliges betrachten und stellen uns als Vertreter einer sittlichen Welt in Gegensatz zu ihr. Wenn nun aber die im Walten der Naturkräfte sich offenbarenden Gesetze nichts andres sind, als der unbeugsame Wille Gottes, stehen wir dann in diesem Kampfe nicht Gott selbst gegenüber, und dazu noch mit dem Bewußtsein, für eine bessere Welt zu streiten?

Das mag uns verwirrend erscheinen, wenn wir es nur von einer Seite ansehn. Aber es hat noch eine andre. Derselbe Gott, dessen Wille in der äußeren Natur als Gesetz herrscht, ist auch der Ursprung und Herr der sittlichen Welt, deren Ordnungen ebenfalls nichts andres sind, als sein Wille. Und wie in der Natur das Leben durch einen steten Streit der Kräfte erhalten wird, so ist der Kampf der sittlichen Kräfte mit denen der Natur die Quelle, aus welcher das geistige Leben seinen Unterhalt bestreitet. Was uns als ein Gegensatz erscheint, ist in Gott eine Einheit, und was wir als Mißklänge vernehmen, löst sich bei ihm in Harmonie auf.

So leidet nach dieser Seite hin weder das religiöse noch das sittliche Leben Schaden, wenn wir die Gesetzmäßigkeit alles natürlichen Geschehens anerkennen. Die Furcht wurzelt nur in einem unbestimmten Gefühl, zeigt sich aber bei richtiger Betrachtung der Sache als unbegründet.

8.

Wie ist es aber mit den Wirkungen, welche die bösen Handlungen der Menschen hervorbringen? Greifen sie nicht als etwas Fremdes, von Gott nicht Gewolltes in die Welt ein? Denn da Gott das Böse selbst nicht will, so kann er doch auch die Folgen desselben nicht wollen. Hier liegt also etwas vor, was außer dem Willen Gottes vor sich geht. Wird er dadurch nicht genötigt, auch aus seinem Gesetze herauszugehn und jenes wieder gut zu machen?

So hörte ich sagen, aber dieser Einwand machte wenig Eindruck auf mich. Schon das Gefühl kündigte mir an, daß damit dem Menschen eine zu große Wichtigkeit beigelegt werde, und eine reifliche Ueberlegung bestätigte das. Unsre Thaten sind schon an sich nur zum kleinsten Teile unser. Naturanlage, Erziehung, Lebensstellung und zahllose fremde Einwirkungen beeinflussen sowohl unsre Gesinnung als jede einzelne unsrer Handlungen mehr, als wir gewöhnlich meinen. Und wie weit reicht die Wirkung unsres Thuns? Unendlich klein ist sie für das Ganze, überall beschränkt sie sich auch im einzelnen, tausend Gegenwirkungen treiben sie zurück oder geben ihr eine Richtung, an die wir vielleicht gar nicht gedacht haben. Wir vollbringen Gutes und Böses, aber das Vollbrachte gehört uns nicht mehr an, sondern tritt als ein Kleinstes in die gewaltigen Beziehungen des großen Ganzen ein, die nach unveränderlichen Gesetzen sich entrollen und so wenig von uns gestört werden können, als die Bewegungen der Himmelskörper.

Das gilt vom Taglöhner, wie vom Welteroberer. Denn wenn auch das Dasein des letzteren mächtige Spuren in der Geschichte zurückläßt, so ist er selbst doch nur ein Brennglas, durch welches viele in der Menschheit angesammelte Kräfte gleich Strahlen hindurchgehn und zusammengefaßt werden, um mit vereinter Kraft eine Menge vorhandenen Brennstoffs zu entzünden. Strahlen und Brennstoff sind ohne sein Zuthun vorhanden, zum Brennglase machen ihn seine Naturanlage und seine Lebensstellung, und sein eigener Anteil an seinen Thaten ist vielleicht geringer, als bei manchem unbeachteten Manne, der nur einen kleinen Wirkungskreis hat.

Bei diesen Betrachtungen fiel mir das Sprichwort ein: Es ist dafür gesorgt, daß die Bäume nicht in den Himmel wachsen. Der Mensch kann durch das, was er in eigener Macht thut, nimmermehr so in die Welt eingreifen, daß das in ihr waltende Gesetz, d. h. der eine und ungeteilte Gotteswille, gleichsam nicht mehr ausreichen sollte, die Folgen seiner Thaten zu beherrschen.

Das mögen wir nur in aller Bescheidenheit anerkennen, ohne zu fürchten, daß der Unterschied zwischen gut und böse und unsere Verantwortlichkeit dadurch aufgehoben werde. Gut oder böse wird etwas weder durch seine Folgen, noch durch Ursachen, die außer uns liegen, sondern allein durch den Anteil, den wir selbst daran haben, durch das Maß unseres eigenen Willens. Und soweit sind wir auch verantwortlich.

Wie weit sich das bei einem Menschen außer uns erstreckt, das entzieht sich unserem Blicke; darum können wir niemand richten. Für uns sagt es uns unser Gewissen, sofern es gesund und in richtigem Urteil geübt ist.

Die sittliche Welt ist eine innere. Hier kann der Mensch als Feind Gott gegenübertreten und sich von ihm lossagen. Aber das ist dann keine Beschränkung Gottes, sondern geschieht innerhalb des Gesetzes sittlicher Entwicklung, das gleich allen Gesetzen sein Wille ist.

9.

Ein Schiff brennt auf dem Meere. Mit furchtbarem Ernst blickt der Tod auf alle, die in ihm über dem großen Wassergrabe schweben. Es sind Gute und Böse. Einer hat Weib und Kinder schändlich verlassen, ein anderer zieht in die Ferne, um für die Seinen zu sorgen. Der eine trägt einen Raub davon, der andere will im Schweiße seines Angesichts sich ein neues Heim gründen. Dieser sucht der Strafe für ein Verbrechen zu entfliehen, jener steht im Dienste seines Berufs. Hier ist eine gemeine Seele, die nur nach Befriedigung ihrer Lüste trachtet, dort ein hoher Geist, der im Erhabenen lebt; hier ein Gottesläſterer, dort ein Frommer; hier ein Menſchenfeind, dort ein liebendes Gemüt. Einer steht allein, und niemand wird seinen Tod beweinen; für eines anderen Leben steigen täglich heiße Gebete zum Himmel auf.

Aber die Flamme wütet, der Sturm brauſt, und nirgends zeigt ſich ein rettendes Schiff. Ein Boot ſtößt ab ins Ungewiſſe hinaus, bemannt mit Böſen und Guten, und erreicht die bergende Zuflucht. Ein anderes, überfüllt, ſchlägt um und ſchüttet die Inſaſſen in die Flut, Gute und Böſe. Zuletzt ſinkt das Schiff und nimmt, was noch übrig iſt, Gute und Böſe, mit in ſein Grab hinab. Da gedachte ich an das Wort: Die Güte des Herrn währt von Ewigkeit zu Ewigkeit über die, welche ihn fürchten. Und von ſchmerzendem Zweifel bewegt, fragte ich: Wo iſt hier die Güte des Herrn?

Ein gebrochener Mann liegt im Krankenhauſe, von Fremden gepflegt. Starr iſt ſein Blick und ausdruckslos ſein Geſicht. Es hat lange gedauert, bis er ſo geworden iſt. Einſt war Feuer in dieſen Augen und Leben in dieſen Mienen. Aber die Länge hoffnungslosen Leidens hat es ausgelöscht. Es war viel guter Wille in ihm, etwas zu leiſten und des Lebens Preis zu erringen. Aber Krankheit war ſein Los von Jugend auf, ſie vereitelte all ſein Streben und ließ ihn nie aus der Armut heraus. Er litt die Strafe fremder Schuld. Sein Vater hatte ein großes Vermögen und eine rieſenſtarke Geſundheit im Sumpf des Laſters zurückgelaſſen. Darum war der Sohn arm und krank und brachte es mit dem beſten Willen nicht weiter, als daß er nach unbeſchreiblich bitteren Kämpfen und Entbehrungen hilflos unter Fremden ſein Leben beſchließen mußte. Ich ſah ihn und hörte ſeine Geſchichte, und es fiel mir das Wort ein: Gott ist die Liebe. Da ward es dunkel in meinem Herzen.

Ich konnte nicht leugnen, daß solches mit unseren menschlichen Begriffen von Güte und Liebe nicht übereinstimmt. Wir halten es für menschlich edel, auch an den Bösen Erbarmung zu üben; aber den Naturkräften gegenüber sind Gute und Böse gleichen Schrecken und gleichem Tode preisgegeben. Wenn ein Mensch den Unschuldigen für den Schuldigen leiden läßt, so nennen wir ihn ungerecht; aber nach dem Naturgesetz muß der Sohn die Folgen der väterlichen Sünden tragen.

Ich wollte meine Augen vor diesen Thatsachen verschließen, aber ich hörte die Stimme meines Gewissens, die sprach: Du sollst nicht lügen. Ja, wenn ich Gottes Ehre durch eine Lüge retten zu müssen glaubte, würde ich sie aufs schlimmste schänden.

10.

Nicht lügen darf ich, nicht leugnen, was als Thatsache mir entgegentritt. Aber das sagte ich mir: Wenn diese Thatsachen geeignet sind, dich an Gott irre zu machen, so kann der Fehler nur in deinen Vorstellungen von Gott liegen.

Und in der That, wenn ich mir vorstelle, daß Gott das alles auch anders machen könnte, als es ist, so wüßte ich nicht, wie ich mich darüber beruhigen sollte. Wenn er Gute und Böse ebenso, wie sie miteinander umkommen, auch voneinander scheiden und die Guten retten könnte, warum thut er es nicht? Und wenn es möglich wäre, den Naturzusammenhang zwischen Eltern und Kindern etwa in der Weise zu ändern, daß nur der Segen des Guten, nicht aber der Fluch des Bösen forterbt, warum geschieht es nicht?

Indem ich mir diese Fragen mit solcher Bestimmtheit stellte, ward mir offenbar, wie thöricht sie seien. Wir dürfen Gott nicht mit menschlichem Maßstabe messen. Er wählt nicht, wie ein Mensch, sondern er waltet. Hier liegen nicht willkürliche Handlungen vor, sondern göttliche Notwendigkeiten. Dem Gesetz des Ganzen muß alles Einzelne sich fügen, und es wäre Vermessenheit, das Einzelne nach menschlichen Gedanken zu beurteilen.

Frage nicht nach dem Warum, das ist kindisch; sondern beuge deine Kniee vor dem Unendlichen und bete schweigend an. Aber thue es nicht mit widerstrebendem Herzen, noch

auch mit gebrochenem Geiste. Sprich nicht: Es ist ja freilich
so, aber es sollte doch nicht sein. Denke nicht: Die Wahr=
heit ist bitter und fordert das Opfer meiner süßesten Träume,
meines Glaubens an die göttliche Liebe. Du hast nicht geträumt, wenn du an die Liebe Gottes
glaubtest, du hast dir vielleicht nur recht unvollkommene Vor=
stellungen gemacht. Darum ist dir kein Verzicht nötig, du
brauchst nicht mit umflorten Augen in die Welt zu schauen.
Nichts bedroht deinen Glauben, du darfst getrost vertrauen,
wie vorher, daß alles, was Gott thut, vollkommen und gut
ist. Nur sollst du es nicht mit menschlichen Maßen messen
und nicht lieblos nennen bei Gott, was es bei den Menschen
ist. Du sollst nicht am Einzelnen hängen bleiben, sondern
das Ganze ahnen. Du sollst nicht sehen wollen, sondern glauben.

11.

Wir können ja schon in vielen Fällen wahrnehmen, daß
das, was uns unvollkommen dünkt, von einem höheren Ge=
sichtspunkte aus ganz anders erscheint. Der Kampf mit den
Elementen ist die Ursache menschlicher Kraftentwicklung; durch
Leid und Streit ist die Menschheit in die Höhe gekommen,
wie die Weltgeschichte lehrt, und die Wahrheit, daß die besten
Geistesgüter Früchte der Not sind, ist schon vor Jahrtausen=
den erkannt worden. Krankheit und Armut sind Uebel; aber
wie sie den einen stumpf oder gottlos machen, erzeugen sie im
anderen hohe sittliche Kraft und reine Frömmigkeit. Das
Grab thut sich vor allen auf, aber während der eine bei seinem
Anblick mit Schrecken die Nichtigkeit aller seiner Bestrebungen
erkennt, wirft der andere nur seine Lasten und Schwachheiten
hinein, um frei zu werden.

Damit konnte ich freilich nicht alle Rätsel des Lebens
lösen. Ich begegnete vielmehr, je mehr ich mich mit ihnen
beschäftigte, einer immer größeren Menge derselben, und kann
nicht begreifen, wie manche vom Ratschluß Gottes in einer
Weise reden können, als sei ihnen alles sonnenklar. Aber
eben die Erkenntnis der Unzulänglichkeit unseres Verständnisses,
wie sie auf der einen Seite uns vor Selbstüberschätzung warnt,
sollte auf der anderen uns auch vor dem Verzagen bewahren.
Denn wenn etwas uns unbegreiflich erscheinen mag, so braucht
es doch darum nicht unvernünftig zu sein, und wenn sich an
gewissen Stellen für unsere Gedanken kein Ausweg zeigt, ist

damit noch nicht erwiesen, daß es überhaupt keinen gebe. Wir sind sehr bald mit unseren Begriffen zu Ende. Wehe uns, wenn es dann mit dem Glauben auch aus wäre. Mein Glaube ist mir mehr wert, als irdisches Glück. Wenn der Himmel sich über mir aufthut, und ich des Vaters Angesicht schaue, so mag alles um mich her dunkel sein, im Herzen ist es licht. Wenn ich ihn lieben kann und seines Geistes Trost und Frieden in meiner Seele fühle, so mag alles zusammenbrechen, ich bleibe, was ich bin, sein Kind. Ich kann ihm dienen mit Wirken und mit Leiden, je nachdem er es mir gebietet, und da mein Leben doch ein Ziel hat und ich sterben muß, so macht es keinen Unterschied, ob man die Ursache meines Todes eine gewöhnliche Krankheit oder einen außerordentlichen Unglücksfall nennt. Darum soll mich kein Schicksal irre machen. Ich habe wohl manche Wünsche, aber wenn der Wille Gottes ihnen entgegensteht, will ich sie opfern und ihn preisen, daß ich in seiner Liebe leben und sterben darf.

Lege ich denselben Maßstab an meine Mitmenschen an, so können selbst die furchtbarsten Geschicke, die mein Mitgefühl und meinen Trieb zur Hilfeleistung aufs äußerste erregen, mir doch den Glauben nicht nehmen, sondern lassen mich nur noch tiefer die Notwendigkeit desselben empfinden.

12.

Ich trat in die Wohnungen des Lasters. Finstere Gesichter starrten mir entgegen, wilder Haß gegen alles Heilige sprach sich in jedem Worte aus. Ihr Gebet war Fluchen, ihr Verlangen die Befriedigung der gemeinsten Lüste, ihr Sinnen Frevel, ihr Arbeiten ein widerwilliges Lasttragen. Bleiche, schmutzige Kinder schauten mich frech und düster an und verrieten mir auch ohne Worte, daß sie noch keine Liebe genossen und kein Gutes gesehen hatten, aber schon lange mit den Geheimnissen der Gottlosigkeit vertraut waren. Ihr Anblick schnürte mir die Brust zu. Ach, sie konnten ja nichts dafür, der Weg des Lasters war ihnen vorgezeichnet, und sie hatten nichts in sich, was sie auf eine andere Bahn zu bringen vermochte. Sie waren verloren, noch ehe sie denken konnten.

Das ist das schwerste Rätsel, das mir im Leben begegnet ist. Es gibt so viele Menschen, in den Hütten der Armut wie in den Palästen des Reichtums, welche nicht bloß leiblich für die Missethaten der Eltern büßen, sondern von Jugend auf so stetig den Gifthauch der Sünde eingeatmet haben, daß ein gesundes Geistesleben für sie unmöglich ist. Wohl werden etliche gerettet, aber wie viele schwimmen im Strome dahin, nach denen keine helfende Hand sich ausstreckt, und müssen untergehn. Ja, sie müssen es ohne ihre Schuld.

Darüber habe ich viel nachgesonnen und keine Antwort gefunden. Ein unergründliches Dunkel liegt hier vor meinen Augen, von keinem Lichtstrahl erhellt. Aber soll ich deshalb mich selbst aufgeben und verzweifeln? Soll ich mich in den Abgrund stürzen, weil ich andere darin sehe? Soll ich mich töten, weil andere tot sind?

Herr, deine Wege sind mir verborgen. In Nacht sind die Fernen gehüllt, nur ein kleines Stück um mich her glänzt mir in deinem Lichte. Ich will nicht träumend in das Dunkel starren, ich will den Weg gehen, der erleuchtet vor mir liegt. Du weißt, warum so viele Blüten taub sind und abfallen, aber wenn ich bleiben und zur Frucht werden kann, will ich mich nicht selbst vom Baume ablösen.

Das Gute ist gut, wenn auch vielen der Weg dazu verschlossen ist, und der Glaube an die Liebe Gottes ist das Leben der Seele, wenn auch viele Seelen nicht zu diesem Leben kommen. Ich will glauben und lieben, und jedem, der mich hören mag, zurufen: Komm, Lieber, laß uns im Lichte leben.

13.

Ich habe diese Gedanken über Gott und Natur mit vielen durchgesprochen und dabei von zwei entgegengesetzten Seiten Einwände vernommen.

Die einen sagten: „Du irrst, daß du Gott als ein persönliches Wesen denkst. Wie kann das Unendliche ein Wissen und ein Wollen haben, wie kann es lieben? Das alles kann sich nur auf Einzeldinge erstrecken, und darum kann man es nur einem Einzelwesen, einem endlichen Geiste zuschreiben. Wenn du es von Gott aussagst, kommst du in lauter Widersprüche, wie du ja selbst bekennst, daß dein Blick nach allen Seiten hin sich zuletzt ins Dunkel verliere. Ein allgemeines Gesetz ist etwas anderes, als was wir Willen nennen, und das Unbeschränkte wird beschränkt, wenn man es nach Art menschlicher Persönlichkeit denkt."

Die anderen sprachen: „Dein Gott ist ein unbestimmtes, undenkbares Wesen, dem man nicht vertrauen, und das man nicht lieben kann. Das Menschenherz sucht einen Freund im Himmel zum Schutz gegen die erdrückende Macht der umgebenden Welt, unser Geist will sich an einen Geist anschließen, mit dem er reden kann, wie mit seinesgleichen. Das kann aber nicht ein Wesen sein, dessen Wille ein unabänderliches Gesetz ist."

Ich habe diese Einwände geprüft und mußte zugeben, daß in meinen Gedanken Widersprüche seien. Aber ich konnte mich nicht entschließen, von meinem Wege abzugehn und mich nach rechts oder links zu wenden.

Blicke ich in die Welt um mich her, in die Natur und in das Menschenleben, so tritt mir hier das Gesetz mit einer Gewalt entgegen, der ich nicht widersprechen kann. Schaue ich in meine eigene innere Welt, so finde ich da die Notwendigkeit, mein Geistesleben in einen Gott zu gründen, in welchem ich den Vater und das Urbild desselben zu lieben vermag. Will ich also meine Augen nicht nach einer Seite hin verschließen, so habe ich zwei Wahrheiten vor mir, die ich doch nicht in einen klaren Gedanken vereinigen kann.

Da fragte ich: Warum kann ich es nicht? Und es ergab sich mir eine sehr einfache Antwort. Ich bin endlich, und Gott ist unendlich: wie sollte es möglich sein, daß ich ihn fasse? Er muß mir ja unbegreiflich sein.

Ich habe gleichsam zwei Gedankenlinien, die mich zu ihm weisen, aber der Punkt, wo sie zusammentreffen, liegt außerhalb meiner Gesichtsgrenze.

Ich kenne zwei Arten des Geschehens, das gesetzmäßige und das aus einem persönlichen Willen hervorgehende. Beide sind eins im Unendlichen. Da sie mir aber als Gegensätze erscheinen, muß mir ihre Einheit unbegreiflich sein.

Ich muß das Allbewegende einerseits als ein Gesetz ansehn, denn so tritt es mir im Leben entgegen; ich muß es andererseits als einen persönlichen Willen betrachten, denn der Gott, in welchem ich Grund und Ziel meines persönlichen Geisteslebens suche, kann nicht ein Wesen sein, das an Bewußtsein, Willen und Güte unter mir steht und des höchsten Lebens, das ich kenne, entbehrt. Aber was ich Naturgesetz nenne, ist mehr, als was ich sonst unter einem Gesetz verstehe, und wenn ich Gott als Geist vorstelle, so weiß ich doch, daß die Beschränktheit, welche von meinem der menschlichen

Persönlichkeit entnommenen Begriffe des Geistes unzertrennlich ist, auf ihn nicht zutrifft.

Ich kann deshalb von ihm, seinem Wesen und Wirken nur in Bildern reden. Ich bin mir dabei bewußt, daß sie nicht die volle Wahrheit sind, aber es ist so viel Wahrheit darin, als ich zum Leben brauche. Die Sonne vermag ich nicht mit meinen Augen zu fassen und ihre Glut nicht auf mich zu vereinigen. Ich sehe nur ein kleines Bild von ihr und empfange einen geringsten Bruchteil ihrer Wärme; aber ich wandle in ihrem Lichte und lebe in ihrem Scheine.

14.

Wie nichtig ist vor dem Unendlichen aller menschliche Hochmut. Die einen sagen: Wir haben die Natur begriffen und gefunden, daß sie keinen Raum für einen Gott hat. Die anderen gebärden sich, als hätten sie Gott begriffen, wenn sie von ihm als von ihresgleichen reden, und wissen alles aus seinem Ratschlusse zu erklären, als seien sie seine Ratgeber gewesen. Ich will demütig sein und meine Schranken nie vergessen.

Aber die Demut soll nie Kleinmut werden. Den frischen, fröhlichen Lebensmut will ich mir nicht rauben lassen. Ich will mein Geistesleben so pflegen, daß keine Seite desselben verkümmern soll. Mit meinem Verstande will ich die Welt der Erscheinungen zu verstehen suchen, die mich umgibt. Mit meiner Vernunft will ich das Gute zu vernehmen trachten, daß ich mich zum guten Menschen bilde. Mit meinem Gemüte will ich ahnend und liebend im Einen und Ewigen wurzeln.

Willkommen sei mir jeder Fortschritt der Wissenschaft, jede gute Bestrebung, jeder Lebenshauch reiner Frömmigkeit, an welchem Orte und in welcher Gestalt sie mir auch entgegentreten. Vorwärts! rufe ich. Vorwärts in allem, was zum Leben des Geistes gehört! Es ist kein Widerspruch in der Wahrheit. Was uns als solcher erscheint, hat seinen Grund in unserer Beschränktheit.

III.

Einst und Jetzt.

1.

Ich gedenke der sonnigen Kindheit. Da war die Welt noch klein und das Leben einfach, und ich war glücklich in meiner Beschränktheit. Gott hatte mir Menschengestalt und schaute freundlich vom Himmel herab auf seine Kinder, oder er schwebte ungesehn um mich, schloß mir des Abends die Augen und weckte mich des Morgens wieder auf. Er hatte nichts Größeres zu thun, als alle unsere kleinen Angelegenheiten zu ordnen und zu besorgen, und kein Wunsch war zu kindlich, als daß ich ihn nicht dabei in Anspruch genommen hätte.

Wie haben sich die Vorstellungen geändert! Mehr als einmal haben Welt und Leben ihre Gestalt gewechselt, und mit ihnen die Gottheit. Viele beklagen es und erinnern sich mit Wehmut der kindlichen Träume. Ich kann es nicht. Mein Herz gehört der Wahrheit, und ich weiß, daß ich ihr ein wenig näher gekommen bin. Ich weiß aber auch, daß die Wahrheit meinem Glaubensleben nicht feindlich gewesen ist, und die Gefühle, die mich glücklich machten, nicht zerstört, sondern gesteigert hat. Wenn es Zeiten gegeben hat, in denen ein innerer Zwiespalt mich unglücklich machte, so waren es Durchgangszeiten, und wenn mich die Sehnsucht auch jetzt nicht ruhen läßt, so ist sie nicht das Verlangen nach einem Verlorenen, sondern nach einem noch nicht Gefundenen. Sehnsucht aber gewährt zwar nicht volles Behagen, doch trägt sie in sich den Keim eines reicheren Lebens.

2.

Ich glaube an den allmächtigen Gott. Wohl ist er mir nicht mehr der König auf des Himmels Thron, der auf die Erde herabschaut und nach Gutdünken gebietet, was geschehen soll. In unermeßliche Fernen hat sich die Welt ausgedehnt, und Ahnung der Unendlichkeit ist über mich gekommen. Da ist der Unterschied zwischen göttlichem und menschlichem Walten immer größer geworden. Ich kenne nur beschränktes Wirken; das göttliche Wirken ist mir unfaßbar, wie das Ganze der Welt. Ich weiß nur von zeitlichem Handeln, in welchem eines auf das andere folgt; ein Handeln ohne Zeit, in welchem Unendliches nebeneinander steht, ist mir vollkommen unbegreiflich. Ich kann mir kein anderes Wollen denken, als das in einzelnen Entschlüssen sich vollzieht; ein Wille, der mit dem Naturgesetze eins ist, findet kein Gleichnis in meiner Erfahrung. So sehe ich ein, daß eine entsprechende Vorstellung des göttlichen Waltens mir in jeder Weise unmöglich ist.

Dennoch rede ich davon, rede von einem Willen Gottes und zwar von einem selbstbewußten Willen. Denn der selbstbewußte Wille ist der höchste, den ich kenne, und das absichtliche Wirken das vollkommenste, von dem ich weiß. So kann ich das göttliche Wollen und Wirken nur damit vergleichen.

Ich bin mir der Unzulänglichkeit dieses Bildes wohl bewußt. Aber es ist das einzige, das mir möglich ist, und ist das alleinige Band zwischen meinem Denken und der göttlichen Allmacht. Es ist jedenfalls viel richtiger, als wenn ich von einem unbewußten Willen und absichtslosen Wirken redete. Denn damit würde ich mich selbst über die Gottheit stellen und das religiöse Bedürfnis für eine Täuschung erklären.

Die Wahrheit liegt nicht unter mir, sondern über mir. Wollte ich sagen: Gott ist unpersönlich, so könnte ich in ihm wohl den Urgrund der unbewußten Welt finden, aber mit meinem persönlichen Leben würde ich in der Luft schweben. Denke ich ihn persönlich, so mache ich mir freilich eine vollständig unzureichende Vorstellung von ihm, aber doch die höchste, die mir möglich ist, und ich kann in ihm den Grund alles mir bekannten Lebens mir vergegenwärtigen.

In diesem Sinne glaube ich an den allmächtigen Gott. Ich glaube, daß ich ganz und gar, nach meinem Natur- und Personleben, mit allem, was ist, in einem und demselben Grunde wurzle und darum mit dem Gesamtdasein in Einklang stehe. So bin ich meiner selbst gewiß und fühle mich in Gott eins mit mir selbst und mit dem Weltganzen.

Und nun schreckt mich die Ahnung der Unendlichkeit nicht. Ich stehe sicher an meiner Stelle, und je weiter die Welt vor meinen Blicken sich aufthut, desto höher hebt sich mein Herz. Es ist die Welt meines Gottes, und darum meine Welt.

3.

Ich glaube an den heiligen und allwissenden Gott.

Wohl erscheint mir die Beurteilung von gut und böse nicht mehr so leicht, und das Verhältnis unserer Handlungen und unseres Schicksals nicht mehr so einfach. Ich habe viele Erfahrungen gemacht, die mich aus meinen Träumen aufschreckten. Ich habe gefunden, daß es im Weltlaufe des Rätselhaften und Geheimnisvollen mehr gibt, als des Klaren und Einleuchtenden. Die Natur wird nicht von den Grundsätzen beherrscht, die ich sittlich gut nenne. Ich sah das Glück blind seine Gaben ausstreuen an Würdige und Unwürdige. Ich sah Gerechte und Ungerechte zusammensinken unter einem Schicksalsschlage. Gottlose sah ich ihre Pläne durchführen und Fromme unterliegen. Ich lernte Lebenswege kennen, die es den Armen, welchen sie vorgezeichnet waren, unmöglich machten, im Lichte zu wandeln.

Da fragte ich: Ist in Wirklichkeit ein Unterschied zwischen Gutem und Bösem? Ist das, was wir gut nennen, auch gut vor Gott, und will er es? Hat überhaupt unser Thun für ihn eine Bedeutung? Weiß er davon? Und ich mußte mir sagen, daß auch für diese Verhältnisse alle mir möglichen Vorstellungen gänzlich unzureichend seien.

Ich lebe im Kampfe der Besonderheiten; Gott aber ist der Grund und Zusammenschluß alles Besonderen, in ihm ist alles geeinigt. Ich stehe mit meinem Geistesleben im Gegensatz zur Natur und suche sie sittlich zu überwinden; in Gott ist kein Unterschied zwischen Geist und Natur. Ich kenne nur ein Wissen des Einzelnen, das in der Zeit vor sich geht, so daß ich in jedem Zeitpunkte nur eines mir zum Bewußtsein bringen kann; ein Bewußtsein, dem allezeit alles gegenwärtig ist, vermag ich nicht zu fassen. So trage ich Begriffe auf Gott über, die von der Wahrheit so weit entfernt sind, wie das Endliche vom Unendlichen.

Dennoch kann ich durch keine Betrachtung mich abhalten lassen, es zu thun. Ich würde sonst den Boden für mein sittliches Leben verlieren. Ich würde mit meinem höchsten Streben allein stehen, mein eigener Gesetzgeber sein. Daß dies aber nicht sein kann, ist mir so gewiß, als daß ich nicht mein eigener Schöpfer bin.

Der Gedanke des Guten, nach welchem ich mich und die Welt um mich her zu bilden trachte, muß aus demselben Grunde stammen, in welchem mein ganzes Geistesleben seine Quelle hat, und wie dieser nicht weniger sein kann, als Geist, so kann er auch nicht weniger sein, als gut. Ich verstehe ihn nicht, wie er an sich selbst ist, aber für mich ist er der Heilige, welcher will, daß ich heilig sei, und den Trieb danach aus sich heraus in mich gesenkt hat. Die Sprache meines Gewissens ist sein Gesetz in mir, und jede Auflehnung gegen dieselbe ist Empörung gegen ihn, Sünde. So kann auch mein Verhältnis zu ihm nur ein persönliches sein, ich kann nur sagen: Er kennt mich. Ich weiß, daß es kein menschliches Wissen ist; aber es kann nichts Geringeres sein, sondern nur etwas Höheres.

Ohne das Bewußtsein meiner persönlichen Verantwortung vor ihm könnte ich wohl ein sittliches Leben führen, aber kein sittlichreligiöses, d. h. kein seiner vollen Wahrheit sich bewußtes sittliches Leben. Erst wenn ich mein heiligstes Streben mit dem einen und ewigen Grunde alles Daseins in Verbindung bringe, trete ich damit aus dem Traumleben heraus zum klaren Bewußtsein der Wirklichkeit.

In diesem Sinne glaube ich an den heiligen und allwissenden Gott. Und nun bekümmert es mich nicht, wenn ich in der Natur Gesetze wahrnehme, deren Wirkungen ich als feindliche Gegensätze empfinde und sittlich bekämpfen muß. In ihrem letzten Grunde, in Gott, stehen auch die Gegensätze im Einklang, und die Kämpfe derselben sind sein Wille.

4.

Ich glaube an die Liebe Gottes.

Freilich, er ist mir nicht mehr der menschlich gedachte Vater, der alle Wünsche seiner Menschenkinder erfüllt und abwendet, was ihnen Kummer macht. Das Leben hat mich anders gelehrt. Ich will nicht von mir reden. Wohl habe ich viel süße Träume vergeblich geträumt, und das Geschick hat meinem Herzen manchen harten Stoß gegeben; doch wenn ich alles überschaue, kann ich mich mit dem Gedanken beruhigen, daß es wohl so am besten gewesen, und mein inneres Leben zu seinem Gedeihen der Thränen nicht hat entbehren können. Aber ich habe Menschen gesehn, die dem zertretenen Wurme gleich im Staube sich krümmten und unmöglich die Kraft finden konnten, sich aufzurichten, Menschen, die ohne ihre Schuld an Leib und Seele krankten und die Sünden der früheren Geschlechter büßten. Ich habe in Abgründe geblickt, die das Blut erstarren machten. Und die Weltgeschichte erzählt uns von Zeiten, die des Leidens noch mehr hatten, als die unsere, und enthüllt uns Bilder menschlichen Elends, welche die kühnste Einbildungskraft hinter sich lassen. Hier sah ich mich am Ende aller meiner Begriffe von Liebe und Barmherzigkeit, und alle Ausflüchte, mit welchen ich um dieses Eingeständnis herumzukommen suchte, erschienen mir schwächlich und unwahr.

Und doch, wenn der Glaube überhaupt eine Notwendigkeit ist, so ist es der Glaube an die göttliche Liebe. Liebe ist das höchste Leben, zu welchem mein Geist sich entfalten kann. Sie bindet Wesen an Wesen und ist die Kraft, welche das Einzelne im Ganzen und das Ganze im Einzelnen wirken läßt. Sie waltet träumend in der Natur und kommt im Menschen zum wahren, selbstbewußten Leben. Da ist sie des Geistes Vollkraft, höchste Sittlichkeit und innigste Seligkeit, darin wir uns ineinander geben und reicher zurückempfangen, verlieren und wahrhaft finden.

Wiewohl sie aber von allem, was beglückt, die größte Befriedigung gewährt, wirkt sie doch wiederum die tiefste Sehnsucht.

Ist irgend ein Trieb nach dem Unendlichen in uns, so wird er durch nichts gewaltiger erweckt und angefacht, als durch die Liebe. Nirgends ist der Drang, im Einen und

Ewigen sich zu finden und auszuruhen, so mächtig, als im liebenden Herzen, nirgends die Ahnung des Göttlichen lebendiger. Und je geistiger und selbstloser die Liebe wird, desto mehr fühlt sie sich als Strahl einer Sonne, die alles in allem ist.

Ist das eine Täuschung? Ist der Gott, nach dem mein Geist verlangt, um sein von ihm empfangenes Leben ihm zurückzugeben und es ganz und vollbewußt wieder aus ihm zu empfangen, nur ein Wahngebilde? Dann muß ich innehalten mit meinem Geistesleben, innehalten da, wo die Knospe zur Blüte sich entfalten will, und in mir selbst vergehen. Dann finde ich keine Antwort auf den Ruf meiner Sehnsucht und muß schweigen.

Warum aber soll ich also verkümmern? Weil ich Rätsel in der Welt vorfinde, die ich nicht lösen kann? O, laß die Rätsel; sie sind außer dir, und da gibt es ihrer noch unzählige. Löse das Rätsel in dir; das liegt dir am nächsten und ist dir wie ein Schleier vor deinem Angesichte, der dir den Blick in die Wahrheit verwehrt. So sprach ich zu mir selbst und schaute nicht rechts und nicht links, sondern hob meine Augen auf und rief: Mein Vater!

Ich bin geliebt von dem, durch den ich bin; denn ich kann lieben. Es ist keine menschliche Liebe, und ich will sie nicht mit menschlichem Maßstabe messen; aber sie ist Grund und Ziel meiner Sehnsucht. Ich will sagen: Menschlich liebe ich ihn, und göttlich liebt er mich.

Darum will ich mich auch durch kein Schicksal irre machen lassen. Denn das gehört der Außenwelt an, und hier ist Gottes Wirken mir durchaus ein Geheimnis. Nur im Geiste spüre ich seine Liebe. Er zieht mich zu sich, und ich folge seinem Zuge im Glauben. Ich sehe nicht, sondern ich glaube. Was in mir ist, das ist mir gewiß. Um mich her ist alles nur eine große Frage.

So will ich auch nicht fragen, ob die Welt so ist, wie meine Liebe zu den Brüdern sie haben möchte, sondern die Hand auf den Mund legen und schweigen zu dem, was ich nicht verstehe. Ich will die Menschen menschlich lieben und ihnen thun, was die Liebe mich lehrt. Ich will aber nicht sagen, was Gott thun müßte, sondern in Demut meine vollständige Unwissenheit eingestehn. Ihm sei Lob und Preis, daß er mir ein Geistesleben vergönnt, welches in Glauben und Liebe aus seiner Fülle genährt wird.

5.

Ich danke Gott, daß er mir gnädig ist.
Wohl sehe ich mich nicht mehr als den Mittelpunkt der Welt an, sondern fühle mich als kleinsten Teil eines unendlichen Ganzen. Ich meine nicht mehr, die Welt sei um meinetwillen geschaffen, und alles, was geschehe, ziele auf mich ab. Ich habe mich an den Gedanken gewöhnt, daß jedwedes so gut, wie ich, seinen Zweck in sich selbst hat. Aber ich bin mit meinem Teile herzlich zufrieden und freue mich, daß ich bin.
Vor allem bin ich meines geistigen Lebens froh. Wohl hat es mir manchen Kampf und manchen Schmerz bereitet, weil das Erreichte nie dem Wunsche entsprach. Aber es ist des Ringens wert, es ist süß mit aller seiner Sehnsucht, und ich trage in mir die selige Ahnung einstiger Vollkommenheit.
Auch die äußere Welt macht mir Freude. Sie ist schön und voll göttlicher Gedanken in unzähligen Hüllen. Sie redet tausendstimmig zu meinem Herzen und bereichert mich, wenn sie mir ihre Güter spendet, und wenn sie mich bemüht. Und ob auch vieles mich schon betrübte, so konnte ich doch einen Gewinn daraus ziehen, insonderheit für meinen Geist.
Wenn ich mich nun mit meinem ganzen Leben in Gott gründe, so ist auch meine Freude eine Freude in Gott. Alles, was mich beglückt, berührt mich als eine Gabe von ihm, und ich danke ihm dafür.
Mein ganzes Dasein mit allem, was dazu gehört, fühle ich als Ausfluß seiner Gnade. Habe ich etwas dazu gethan, so habe ich es doch zuerst von ihm genommen. Ja, all mein Thun, soweit es gut ist, ist eine Unterordnung unter seinen Willen, eine Aufnahme seines Geistes in meinen Geist. Es ist also kein Verdienst dabei, so wenig es ein Verdienst ist, wenn wir die Nahrung nehmen, die uns erhält. Dagegen habe ich das Bewußtsein vieler Versäumnisse und vieler Sünden, welches jeden Gedanken eines Selbstruhms von vornherein ausschließt. Und so stehe ich mit allem, was ich bin und habe, unter dem Eindruck der göttlichen Gnade, und mein ganzes Gefühl ist ungetrübte Dankbarkeit.
Diese Dankbarkeit ist aber nicht ausschließlich eine allgemeine, sondern erstreckt sich auch auf Einzelnes, insofern dasselbe mein Gefühl erregt. Ich weiß, Gott hat meine Lieben nicht um meinetwillen geschaffen; aber wenn das Glück unserer

Gemeinschaft mein Herz bewegt, spreche ich dankerfüllt: Du hast sie mir gegeben. Ich bin mir wohl bewußt, Gott läßt heute die Sonne nicht zu dem Zwecke scheinen, damit ich mich im Freien ergehen könne; aber wenn ich im Sonnenschein der schönen Welt mich freue, lobt ihn meine Seele. Ich sage mir wohl, daß diese Frucht gewachsen wäre, gleichviel ob sie mich nährt oder nicht, aber der Genuß derselben mahnt mich zum Danke gegen den Geber aller guten Gaben. Ohne Dank könnte und möchte ich nicht leben.

6.

Ich vertraue auf Gott.

Zwar ist mein Vertrauen schon mehr als einmal getäuscht worden. Aber ich war schuld daran; denn ich hatte mich falschen Erwartungen hingegeben. Ich hatte gemeint, Gott müsse mich vor Leid bewahren und die Steine aus meinem Wege hinwegräumen, damit ich ohne Anstoß wandeln könne. Es ist anders gekommen, und ich habe diese Gedanken aufgegeben. Ich bin auf alles gefaßt und werde mich auch über das furchtbarste Schicksal nicht wundern. Ich sehe einzelne meiner Brüder mit erschütterndem Leiden heimgesucht. Habe ich etwas vor ihnen voraus, so daß gleiches Los für mich unmöglich wäre? Ich erwarte nicht Zeichen und Wunder, ich bilde mir nicht ein, daß Gott willkürlich in den Gang der Dinge eingreife, um für mich etwas Besonderes zu erzielen. Ich weiß, es kann nicht sein; darum verlange ich es nicht.

Dafür erkenne ich sein Walten in allem, was geschieht. Ich fasse jedes Einzelne als Glied des Ganzen auf und sage mir, daß ich das Einzelne nicht verstehe, so lange ich das Ganze nicht überschaue.

Ja, könnte ich das! Ich bin gewiß, dann würde ich nirgends einen Fehler finden, sondern einsehen, daß das Unvollkommene nur eine menschliche Vorstellung ist, die wir zwar nicht abstreifen können, wo es sich um unser Empfinden und Wirken handelt, die wir aber nicht einmischen dürfen, wenn wir zu dem Allwaltenden aufschauen.

Wir schaffen uns ein Bild dessen, was unser Geist erstrebt, und nennen es das Vollkommene. Im Vergleich damit ist das Gegenwärtige unvollkommen, und so gehört die Vorstellung des Unvollkommenen notwendig zu unserem menschlichen Geistesleben, welches ein vorwärtsstrebendes ist.

Aber für das Ganze gibt es nichts Unvollkommenes, das ist mein Glaube.

Was Gott thut, ist alles gut. Wer könnte es anders denken? Ich begreife nicht, mit welchem Fug ich daran zweifeln könnte. Ich müßte ja dann an allem zweifeln, vorerst an mir selbst.

O mein Geist, überlege doch, was es heißen sollte, wenn du sprächest: das Ganze ist unvollkommen, und Gott wirkt unvollkommen; ich aber weiß, wie es sein sollte. Erschrickst du nicht vor der Thorheit dieses Gedankens?

Nein, ich bin ganz ruhig und getrost. Ich empfinde und strebe menschlich, aber Gott waltet göttlich. Und sein Walten geht also vor sich, daß auch mein Leben darin eingeschlossen ist und im Ganzen an seinem Platze steht. Was ich bin, bin ich durch seine Gnade, und so werde ich durch seine Gnade auch werden, was ich werden soll. Ich werde mein Ziel erreichen und will meine Bahn gehen, ohne mich durch irgend etwas irre machen zu lassen. Ich will nicht sagen: Es wird mich kein Unglück treffen, sondern ich denke: Wie auch mein Geschick sich gestalte, in allen Leiden und auch im Tode führt Gott mich an seiner Hand, und wenn ich es erkenne, bin ich selig.

Dann wird mein Glaube vor Erschütterungen bewahrt bleiben und mein Vertrauen nicht wanken; denn es haftet nicht an falschen Erwartungen.

7.

Ich bitte zu Gott.

Ich thue es aber nicht mehr in der Meinung, dadurch irgend einen Einfluß auf ihn ausüben zu können. Seit ich zur Ahnung seiner Größe und zur Erkenntnis meiner Nichtigkeit gekommen bin, ist mir dieser Gedanke unmöglich geworden. Und die Einsicht in die Notwendigkeit göttlichen Thuns hat mir dies zur vollen Klarheit gebracht. Ich sprach: Wie kann der Endliche und Vollkommene von den Endlichen und Unvollkommenen beeinflußt werden, deren Wünsche so weit auseinandergehen, wie die Endlichkeit selbst? Und wie kann der Gott, der in sich selbst keine Willkür kennt, menschlicher Willkür unterliegen? Da war mir unbegreiflich, wie ich so lange mir habe einbilden können, daß meine Macht bis zu ihm reiche.

Und ich ward gar nicht betrübt über diese Erkenntnis. Denn ich mußte mir gestehen, daß solche Einbildung mir viele Unruhe verursacht habe. Wie schwer hatte sie es mir oft gemacht, mich in das Unvermeidliche zu fügen, wie hatte sie mich umhergetrieben zwischen vergeblichen Erwartungen und niederschlagenden Enttäuschungen, die mich nicht selten dem Zweifel an der göttlichen Liebe nahe brachten. Nun fühlte ich mich viel ruhiger und großer Sorge ledig.

Könnte es eine drückendere Last für uns geben, als wenn uns ein Einfluß auf die Allmacht verliehen wäre? Wenn mein Volk einen Krieg zu führen hat, so wünsche ich ihm ja von ganzem Herzen den Sieg. Aber wenn Gott zu mir spräche: Bei dir soll die Entscheidung sein; bitte, wie du willst, es soll geschehen — so würde ich zitternd in meine Kniee sinken und rufen: Nicht ich, Herr; du allein! Denn ich würde mir auf einmal bewußt sein, daß ich die Verantwortung für alle Folgen dieses Ereignisses im ganzen Verlauf der Weltgeschichte zu übernehmen hätte, und unter dieser Wucht müßte ich zusammenbrechen.

So würde es in jedem Falle sein, auch wenn die Sache, um die es sich handelte, mir ganz geringfügig erschiene; denn das Kleinste steht im Zusammenhang mit dem Größten. O Gott, behalte die Allmacht für dich und lasse mir die Unterwerfung!

Und doch, suchen wir nicht in den Gang der Dinge einzugreifen? Wir verfolgen doch unsere Zwecke, wir ratschlagen und handeln, und thun das nicht in der Meinung, daß es imgrunde vergeblich sei, und alles auch ohne unser Zuthun sich vollenden werde. Ist das Unterwerfung unter Gottes Willen?

Der Einwand ist nicht stichhaltig. Ich wirke nach Gottes Willen mit den Kräften, die er mir dazu gegeben hat, aber ich bin mir bewußt, daß ich damit in meinem beschränkten Gebiete bleibe, welches meiner Einsicht und meinen Mitteln entspricht. So thue ich das Meine mit Freuden, wohl wissend, daß es ein menschliches Thun ist. Etwas ganz anderes wäre es, wenn ich die Allmacht in meinen Dienst nehmen und mit ihren Mitteln wirken sollte. Dann würde sich meine Freudigkeit in Entsetzen verwandeln, der unendliche Inhalt müßte das endliche Gefäß zertrümmern.

So habe ich mich ganz von dem Gedanken abgewendet, daß menschliches Bitten einen Einfluß auf Gottes Walten ausüben könne. Dennoch bitte ich zu Gott und könnte solcher Bitte nicht entraten. Denn ich muß beten, ich muß mit Gott reden. Wenn ich ihn meinen Vater nenne und im Glauben an seine Liebe liebend meines Geisteslebens Grund und Ziel in ihm suche, so muß ich in ununterbrochenem Verkehr mit ihm stehen, in einer steten Richtung meines ganzen Wesens auf ihn, die zum Gebete wird, sobald ich sie mir ins Bewußtsein rufe.

Dieser Verkehr kann aber nur ein persönlicher sein. So sehr ich mir darüber klar bin, daß Gott mehr ist, als Person, so kann ich doch nur persönlich mit ihm umgehen. Ich weiß, daß ich menschlich rede, er aber göttlich hört und antwortet.

Was kann ich nun mit ihm reden? Er ist alles, ich bin nichts; er ist die Fülle, ich bin das Verlangen. Ich kann nur mein Herz aufthun, damit sein Leben in mich ströme; ich kann nur meine unbeschränkte Sehnsucht aussprechen, von seinem Geiste erfüllt und mit ihm eins zu werden. Also Bitte, unbegrenzte Bitte muß mein Beten sein, Bitte, welche zugleich vollkommene Hingabe und unendlicher Dank ist. Aber es ist Bitte um geistige Güter, um den heiligen Geist.

Und ich weiß, daß es keine vergebliche Bitte ist, denn sie trägt die Erhörung in sich selbst. Hier steht Bitten und Empfangen in gottgewolltem Zusammenhange, mein Wünschen ist nichts anderes, als die Bereitschaft, allem Eigenwillen zu entsagen. Ich will nicht auf ihn einwirken, um meinen Willen durchzuführen, sondern ich schließe mich ihm auf, damit er in mir wirke. So bleibe ich in meinen menschlichen Grenzen; denn ich trete mit dem Unendlichen in diejenige Verbindung, zu der er mich bestimmt hat.

8.

Nach der Einsicht, die ich gewonnen habe, sollte ich nie um Dinge bitten, die dem äußeren Leben angehören. Dennoch kann ich es nicht unterlassen. Ist es der übermächtige Einfluß der Erziehung und Gewohnheit, oder hat es seinen Grund in einer unauslöschlichen Naturanlage: ich kann nicht anders, ich muß mein ganzes Wünschen, das mein Herz mit Macht bewegt, vor Gott aussprechen.

Ich weiß wohl, daß eigentlich ein Widerspruch darin liegt: bitten und doch wissen, daß man damit nichts bewirkt. Aber ein innerer Trieb drängt mich dazu, ich muß es thun, um die Ruhe und das Gleichgewicht zu erlangen, das ich in meiner Wechselbeziehung zu dem äußeren Leben mit seinen Aufgaben und Stürmen nötig habe.

Soll ich mir einen Zwang anthun? Ich finde, daß unser Gemütsleben überhaupt in manchem Widerspruch mit unserer Erkenntnis steht, ohne daß wir für notwendig halten, es zu unterdrücken. Warum soll es in der Religion anders sein? Wenn ich Gott meinen Vater nenne, warum soll ich nicht kindlich mit ihm reden? Wenn die Aussprache dessen, was mein Herz bewegt, mir Bedürfnis ist, warum soll ich es in mich zurückdrängen?

Sind doch alle unsere Glaubensvorstellungen, auch die geläutertsten, nichts als Bilder des Unaussprechlichen, so daß dem scharfen Denken in keiner ein Widerspruch entgeht. Es ist genug, wenn wir uns dessen bewußt sind; wir wollen den Inhalt nicht um des Gefäßes willen wegwerfen. So will ich mir auch da keinen Zwang anthun, wo ich zwar eine richtigere Anschauungsweise erlangt, aber für mein alltägliches religiöses Leben noch nicht die entsprechende Form gefunden habe.

Ich weiß, daß ich mit meinem Gebete am Walten Gottes nichts ändere; aber ich will beten, wie mir's im Gemüte klingt. Ich will mein Herz vor meinem Gott ausschütten, wenn die Not mich bedrängt, und ihm sagen, was ich mit menschlichem Verlangen fühle, sowenig ich auch ein Wunder erwarte. Ich will bitten für die, welche ich liebe, und meine Wünsche und meine Sorgen für ihr leibliches und geistiges Wohl zum Himmel emporsenden, so wenig ich auch den Gedanken hege, durch meine Worte Gott zum Guten bewegen zu müssen.

Bin ich doch auch sonst in derselben Lage. Ich weiß, daß kein Spruch mich vor dem Schicksal sichert, und bin entschlossen, auch im schwersten Leiden auf Gott zu trauen; aber es ist nun einmal menschlich, das Beste zu hoffen, und so nimmt auch mein Vertrauen diese Gestalt an und blickt hoffnungsvoll in die Zukunft. Ich weiß, daß Gott heilig ist und bleibt, ob es dem Bösewicht wohl oder übel ergehe, und doch fasse ich das Unglück, das diesem seine Werke bringen, als göttliches Strafgericht auf. Ich weiß, daß Gott nicht willkürlich handelt, und doch rede ich von seinen Thaten fortwährend so, wie von den Thaten eines Menschen.

Ist es unrecht? So wenig, als wenn wir vom Aufgang und Untergang der Sonne reden, obwohl wir wissen, daß sie sich nicht um die Erde bewegt. Mag sie in Wirklichkeit stillstehen, für uns geht sie auf und unter, und unser ganzes Leben hängt mit dieser alltäglichen Erscheinung aufs engste zusammen. So verknüpft sich auch unser religiöses Leben mit Vorstellungen, die viel mehr unser Verhältnis zu Gott, als sein wirkliches Wesen zum Ausdruck bringen.

Vielleicht kommt einmal eine Zeit, wo die Menschheit von dem Unendlichen anders reden und in anderer Weise mit ihm verkehren wird. Ich weiß es nicht. Aber diese Zeit ist noch nicht da, und ich bleibe bei dem, was uns in der Gegenwart natürlich ist. Nur keine Unnatur. Es genügt, wenn wir uns über die Unvollkommenheit und Widersprüche unserer religiösen Lebensform klar sind, uns vor schädlichen Irrtümern hüten und unsere Frömmigkeit so sehr als möglich vergeistigen. Aber unsere Menschennatur und ihre geschichtliche Entwicklung muß ihr Recht behalten.

IV.

Zeit und Ewigkeit.

1.

Wir eilten auf dem Schienenwege durch die Lande. Städte und Dörfer waren an unseren Augen vorübergeflogen, und je länger die Fahrt sich ausdehnte, desto flüchtiger berührte sie unser Blick. Sie erschienen uns zuletzt, gleich den Wäldern und Fluren, als bloße Teile des Landschaftsgemäldes. Da besann ich mich und dachte: Jeder dieser Orte ist eine Welt, wie dein Heimatsort, und jedes Haus, wie das deine, und jeder Mensch, wie du. Du siehst auf sie, wie auf die Ameisen, die ihren Weg gehen, und der Zweck deiner Reise beschäftigt deine Gedanken mehr, als ihr Anblick. So hat auch jeder von ihnen seine Zwecke und seine Welt, die seinen Sinn erfüllen. Und ich überschaute im Geiste die fernsten Länder und vergegenwärtigte mir die Menge der Erdenbewohner und fand es überall so. Da sprach ich: Was ist der Einzelne? Und was bist du, der du dich als den Mittelpunkt der Welt anzusehen pflegst?

Ich las die Geschichte der Vergangenheit, und die Völker erschienen mir wie Personen, die auf einer Bühne handeln. Da bedachte ich, daß jedes Volk und jedes Geschlecht aus vielen Einzelnen bestanden, und an allen diesen Bewegungen und Kämpfen unzählige Menschen teilgenommen haben, deren jeder so viel bedeutete, als ich. Wo sind sie nun? Was ist der Einzelne in der Weltgeschichte? Und was bist du, der du dieselbe von deinem Standpunkte aus wie ein Schauspiel betrachtest?

Nichts bin ich — war bei solchen Betrachtungen stets die unmittelbare Antwort meines Gefühls. Und ich erkannte, daß es mir heilsam sei, oft so zu fragen und zu antworten. Denn der lächerliche und schädliche Hochmut, der den kleinen Menschengeist träumen läßt, daß Gott und Welt nur um seinetwillen da seien, kann nicht genug gedämpft werden.

Doch nicht minder gefährlich fand ich den Kleinmut, durch den man im Gefühle seiner Nichtigkeit sich selbst verliert. Jede Pflanze und jedes Tier ist, was es ist: warum soll es der Mensch nicht sein? Warum soll er allein sagen: Ich bin nichts, weil ich nicht alles bin? Bist du auch noch so wenig im Vergleich mit dem Ganzen, so bist du doch etwas und kannst in dir ein Ganzes sein. Entschließe dich das zu werden, wozu du bestimmt bist, und in deinen Grenzen ein volles Leben zu führen, und überlasse einem jeden, denselben Entschluß zu fassen.

Hochmut und Kleinmut sind nahe verwandt und nagen vereint an der Gesundheit unsers Geistes. Wir brauchen Demut und Lebensmut.

2.

Ich wandelte zwischen Gräbern und las die Inschriften auf den Denkmälern. Sie erzählten von tiefem Schmerz und brennendem Leid, aber die Jahreszahlen waren alt, und ich dachte: Das ist ja nun alles vorüber und vergessen, und die Glut, die einst unauslöschlich schien, ist lange verglommen. Sie verkündeten aber auch von treuer Liebe und vereint genossenem Lebensglück. Das war jetzt ebenfalls vorbei, wie die Blüten des vorigen Jahres. Und ich sprach: Warum machen wir so viel aus des Lebens Leid und Freude, die nur einen Augenblick währen? Sie sind nicht wert, daß unser Herz um ihretwillen in Bewegung komme.

Ich gelangte zu den neuen Gräbern und sah eine bleiche Frau mit zwei Kindern an einem blumenbekränzten Hügel stehen. Der schmerzliche Ausdruck ihres Gesichtes verwehte mit einem Male alle meine kühlen Betrachtungen, und in herzlichem Mitleid empfand ich den Jammer dieser Welt und dachte: O könnte ich dich trösten und den Verlorenen dir wieder schenken! Die Kinder aber zeigten einander die Blumen, jubelten, als ein Schmetterling herzuflog, und schauten wieder fragend zur Mutter auf. Wie glücklich mußten die Eltern im Besitze dieser lieblichen Kleinen gewesen sein! Ich konnte den Blick nicht von ihnen wenden und fühlte etwas wie Sonnenschein in meinem Gemüte. Weib, du warst reich und bist noch nicht arm. Verstehst du, was deine Kinder dir sagen? Du sollst für sie leben, sie glücklich machen und in ihnen glücklich sein. Fürwahr, es gibt ein Glück auf Erden.

Wir steigen wohl gern auf den Berg und schauen in die Welt hinab. Da reicht der Blick weit, und das Herz wird groß, und wir fühlen uns über das Kleine erhaben. Aber wir steigen wieder herunter, denn unten haben wir unsere Wohnung und unsere Arbeit und unsere Lieben. So ist es uns gut und nötig, das irdische Dasein mit seinen Freuden und Leiden zuweilen von oben zu betrachten und uns zu vergegenwärtigen, daß es nur ein kleiner Teil in einem großen Ganzen ist. Aber wir gehören ihm doch an und können und dürfen uns ihm nicht entziehen. Ich will seine Leiden nicht hinweglügen, ich will seine Freuden dankbar genießen, ich will seine Aufgaben erfüllen und unter Menschen mich als Mensch fühlen. Mit meinen Brüdern will ich lachen und weinen, mit ihnen arbeiten und danach ringen, das Leben so reich und so schön als möglich zu gestalten, und für alles, was uns gemeinsam angeht, ein warmes Herz mir bewahren.

3.

Ich sah den Landmann arbeiten im Sonnenbrande und den Fabrikarbeiter an seinen Platz gefesselt im Lärm der Maschinen. Ich lernte den Fabrikherrn kennen, der mit scharfem Blick und sorgendem Herzen ein weitverzweigtes Geschäft überschaut, und den hohen Staatsbeamten, der unter dem Druck einer großen Verantwortung sein Amt verwaltet. Dem Gelehrten begegnete ich in einer Welt von Gedanken, die mit dem alltäglichen Leben keine Gemeinschaft zu haben schienen, und dem Künstler in seinen Zauberkreisen.

Das erschien mir groß und bewundernswert, wenn ich es zusammenschaute. Ich staunte über das reiche Leben der Menschheit, welches durch das Zusammenwirken so vieler Thätigkeiten sich entfaltet, und weidete mich am Anblick dieses großartig gegliederten Ganzen. Aber ein anderes Gefühl bewegte mich, wenn ich die Einzelnen ins Auge faßte. Wie müssen doch so viele mit geistloser Handarbeit sich plagen, während nur wenige die Lust geistigen Schaffens genießen können. Wie ungeheuer verschieden ist der Inhalt eines Lebens, wie es der Tagelöhner führt, von dem des Staatsmannes oder des Forschers. Und das muß so sein und wird nie anders werden, denn es hat seinen Grund in der Natur des Menschheitslebens. Diese Betrachtungen drückten mich nieder, und ich habe lange nicht mit ihnen zurechtkommen können.

Erst eine reichere Lebenserfahrung zeigte mir die Sache von einer anderen Seite. Ich lernte das arbeitende Volk näher kennen und begegnete in ihm so viel sittlicher Kraft und einem so reichen Gemütsleben, daß ich erstaunte. Und ich fand in den Kreisen der höchsten Bildung und der erhabensten Berufsarten vielfach eine so betrübende Gemeinheit und Herzlosigkeit, daß ich die Verschiedenheit der Stände ganz anders beurteilen lernte. Ich erkannte, daß ein auf das Gute gerichteter Mensch in jeder Arbeit, die nicht nutzlos und verderblich ist, sittlich erstarkt; denn der Geist wird und wächst im Wirken und Schaffen, und wenn die Selbstverleugnung ein wesentlicher Teil der Sittlichkeit ist, so kann ihr die Strenge der Arbeit, wenn sie im Verhältnisse zur Kraft steht und nicht durch Uebermaß abstumpft, nur förderlich sein.

Was aber die Würde des Gegenstandes betrifft, dem die Arbeit gewidmet ist, so fand ich, daß der Mann, welcher für Nahrung oder Kleidung oder andere leibliche Bedürfnisse der Menschheit sorgt, von der Wichtigkeit seines Schaffens ebenso durchdrungen sein kann, wie der Gelehrte oder der Künstler. Und warum soll er es nicht? Das Leibliche ist uns so nötig wie das Geistige, die sittliche Güte des Arbeitenden aber hängt nicht davon ab, was er schafft, sondern davon, wie er es schafft. Wenn er sich als ein nützliches Glied der Menschheit fühlt und in diesem Bewußtsein seine Schuldigkeit thut, so beklage ihn niemand, als habe er keine würdige Lebensaufgabe.

Dazu kommt, daß ihm seine Arbeit zum Erwerb des Lebensunterhaltes für sich und die Seinen dient. In der Selbsterhaltung der Einzelnen aber und im Bestande der Familien wurzelt das Leben der Gesamtheit. Der Gedanke, durch eigene Kraftanstrengung etwas zu sein, ja noch für andere zu sorgen, erhöht das sittliche Selbstbewußtsein und die sittliche Kraft gewaltig, und ich habe unter den geringsten

Handarbeitern Hausväter und Hausmütter von einer Würde gefunden, die der gebildetste Müßiggänger niemals erreicht.

Und fehlt es ihnen etwa an Nahrung für ihr Gemüt? Stehen nicht die ergiebigsten Quellen derselben allen offen? Für die Natur haben sie oft ein tieferes Verständnis, ihr Familienleben ist inniger, ihr gegenseitiger Verkehr in Freude und Leid lebendiger, als in Kreisen, wo das Sonnenlicht durch die Lampe ersetzt und die Sprache des Herzens durch künstliche Laute verdrängt wird. Vor allem aber tritt die Bedeutung der Religion nirgends augenfälliger hervor, als in dem Leben der sogenannten niederen Volksschichten, und ich habe die freundlichsten Erfahrungen davon gemacht, daß sie eine Herzensbildung erzeugt, die durch nichts erreicht wird, was man sonst Bildung nennt.

.'.

Ich denke daran, wie oft ich durch einfache Leute aus dem Volke beschämt und belehrt worden bin, und wie manches Bedenken meines grübelnden Verstandes mir bei der Berührung mit ihnen in sein Nichts zerronnen ist. Ich habe in manches verwitterte Gesicht geschaut und bin durch den milden Glanz überrascht worden, der, aus den Augen leuchtend, von einem wunderbaren Frieden verborgenen Innenlebens Kunde gab. Ich bin mit tiefstem Mitleid an Menschen herangetreten, deren grausame Schicksale mich schon beim Hören unglücklich gemacht hatten, und habe sie mit erhobenem und getröstetem Herzen wieder verlassen.

Und das waren zumteil Menschen aus den untersten Ständen. Du arme schwergeprüfte Witwe in deinem engen bürftigen Stüblein, wo du einsam und gebrechlich deinem Ende entgegenharrst, wie vermagst du dein Los zu ertragen? Mühe, Sorge und Entbehrung ist dein Leben gewesen, das Kreuz war der Gast deines Hauses, dein Mann ging seine eigenen Wege und ließ dir nur die Arbeit, den Kummer und die Kinder, in deren Pflege du deine Kräfte verzehrtest. Du hast mit Selbstverleugnung deine Pflicht an ihnen gethan, und es ist keines verdorben; aber sie sind alle vor dir dahingegangen, und vor kurzem hat man den letzten Sohn hinausgetragen, der deines Alters Stütze sein sollte. Wie soll ich dich trösten? Aber siehe, du tröstest mich. Du weinst und bist doch im Herzen mit deinem Gott so zufrieden, daß es keines Versuches bedarf, ihn vor dir zu rechtfertigen. Du blickst so ruhig und so dankbar auf dein Leben zurück und schaust so zuversichtlich in die Zukunft. Du bist nicht allein, du redest mit Gott als mit deinem allzeit gegenwärtigen Freunde, du stehst in Verkehr mit deinen Kindern, die du vor allen Stürmen geborgen weißt, du wartest mit Sehnsucht der Stunde, die auch dir die Pforte der Heimat aufschließt.

O könnte ich alle zu dir führen, die von Zweifeln geplagt sind. Ich wollte sie fragen: Fühlt ihr nicht, wie armselig sich euer Umhertasten neben diesem klaren ruhigen Wandeln ausnimmt? Gehen euch die Augen nicht auf, und merkt ihr nicht, daß ihr quälende Träume habt?

Und die stolzen Spötter möchte ich fragen: Was könntet ihr dieser Frau geben, ihr Schicksal zu tragen, wenn sie ihren Glauben nicht hätte? Und wie würdet ihr euch mit eurer Weisheit in ihre Lage finden? Eiskalte, knirschende Ergebung in das Unvermeidliche wäre noch das Beste, wozu ihr es bringen könntet, aber leben könnte eure Seele nicht.

Ich will mich glücklich preisen, wenn ich den Glauben dieser Witwe nur verstehen kann; wie viel mehr, wenn ich ihn teile. Und ob ich auch manches anders ausdrücke, als sie, so wünsche ich doch nichts mehr, als mit ihr zu fühlen.

5.

Schön und erhebend ist auch das einfachste Menschenleben, wenn es rein und gottgeweiht dahinfließt, und das liebende Herz im Glauben seiner Fesseln sich entledigt. Ich weiß nichts, das ich lieber sehe. Es ist wie ein Gruß aus einer höheren Welt und gewährt einen Blick in den Zusammenhang von Zeit und Ewigkeit. Da läßt sich so leicht an ein ewiges Leben glauben.

Aber wie manches Dasein muß ich schauen, dessen Jammer mich mit unbeschreiblichem Weh erfüllt. Trüb und faul schleicht es im Schlamm der Sünde dahin oder vertrocknet im Sande der Armseligkeit. Kalt bleibt das Herz, von niedrigen Sorgen gedrückt, von Selbstsucht erstarrt, von gemeinen Lüsten niedergehalten, und das Auge ist an den Boden geheftet. Mangelhafte Nahrung, ungesunde Beschäftigung und andere rein äußerliche Einflüsse halten die geistige Entwicklung zurück, so daß ein höheres Selbstbewußtsein sich gar nicht bilden kann, und es läßt sich nichts entdecken, das ewigen Daseins wert oder fähig wäre. Oft auch geht das Entwickelte in körperlicher Krankheit wieder unter, und mancher edle Geist ist schon im Wahnsinn oder in der Schwäche des Alters den liebenden Augen der Seinen entschwunden. Das ist ein unendlich schmerzender Anblick, und ich habe es oft verstanden, daß auch gute Menschen den Gedanken an eine ewige Bestimmung traurig von sich abweisen. Ja, ich bin in Versuchung gewesen, es ebenfalls zu thun.

Aber ich bin immer bald wieder davon zurückgekommen; denn ich erkannte, daß ich damit mich selbst aufgeben und mein gesamtes Geistesleben für eine Täuschung erklären würde.

Das ist ja das Ergebnis meiner ganzen Entwicklung, daß ich Geist geworden bin und die Ahnung des vollen, wirklichen Lebens gewonnen habe. Ist das aber Leben, das nach flüchtiger Erscheinung in das Nichts versinkt?

Ich habe den Gedanken der Vollkommenheit gefaßt und schaue in der Ferne ein leuchtendes Ziel, das mich mit allen Kräften der Sehnsucht zu sich zieht. Wie sollte ich den Mut finden, ihm zuzustreben, wenn ich wüßte, daß ich es nie erreichen werde?

Ich habe, dem inneren Drang folgend, mich gläubig an das Herz der ewigen Liebe geworfen und bin da zu mir selbst gekommen. Wie kann ich denken, daß ich mich wieder verlieren werde?

Ich kann nicht auf halbem Wege stehen bleiben. Habe ich zu den Anfängen meines Geisteslebens ja gesagt, so will ich die Vollendung desselben nicht verneinen. Habe ich gewagt, an mich selbst und an Gott zu glauben, so muß ich auch an ein ewiges Leben glauben. Wäre mein Leben nie zum Streben geworden, so würde ich nicht weiter denken. Nun es aber in Bewegung gekommen ist, will ich ihm den Lauf lassen.

6.

Ich versuche nicht, mir begreiflich zu machen, wie ich sein kann und werde, wenn mein Leib in Staub zerfallen ist; denn ich sehe ein, daß es vollkommen unbegreiflich ist. Aber ist es weniger unbegreiflich, daß ich bin? Hat schon ein Mensch erklärt, was das Sein ist, und wie es möglich ist, daß in einem Leibe ein Selbstbewußtsein sich finde? Wenn wir nicht an diese Thatsache gewöhnt wären, müßte sie uns durchaus wunderbar erscheinen, und wirklich kenne ich Augenblicke, wo das Erstaunen über mich selbst mit überwältigender Macht mich ergriffen hat. Kein Rätsel des zukünftigen Lebens ist größer, als das des gegenwärtigen. Wer aber möchte sich selbst vernichten, weil er sein Dasein nicht versteht? Ist nun das Leben des Geistes im Körper etwas Unbegreifliches, so kann ich nicht erwarten, daß mir das Sterben ein erklärlicher Vorgang sei. Ich sehe, wie die Stoffe des Leibes ihre Verbindung lösen, aber ich weiß durchaus nicht, was mit mir selbst geschieht. Ich stehe vor einem Geheimnis. Ob dasselbe plötzlich eintritt oder allmählich, ob ich in der Vollkraft meines Geisteslebens untertauche oder in Wahnsinn oder Altersschwäche schon vor dem Tode sterbe, macht keinen Unterschied. Ist der Tod ein Schlaf, aus dem es ein Erwachen gibt, so ist es gleich, wie lange er dauert.

Ist es Selbstsucht, daß ich leben will? Dann ist alles Leben Selbstsucht, und das Wort schließt keinen Tadel mehr ein. Und wenn der Verzicht auf den Unsterblichkeitsglauben Selbstverleugnung ist, so ist der Selbstmörder noch selbstverleugnender.

Es ist nicht alles Tugend, was so scheint. Uns zu opfern, ist Pflicht, wenn es Gott von uns fordert. Spricht aber der Vater: Du bist mein Kind und sollst es ewig sein, so ist es nicht gut, zweifelnd und trauernd niederzusitzen. Wir sollen in der Kraft der Selbstbehauptung uns aufrichten und fröhlich unsern Weg gehn.

7.

Der Gedanke an ein ewiges Leben wird gewöhnlich mit Vorstellungen von Lohn und Strafe vermischt. Soweit die Sache mich angeht, kann ich mich nicht darein finden.

Ich weiß nicht, für was ich belohnt werden sollte. Das Bewußtsein, unbedingt verdienstlos zu sein, beherrscht mich so vollständig, daß mir der Gedanke eines Lohnes wenigstens für mich selbst ganz unmöglich ist. Es ist mir durchaus selbstverständlich, daß ich nur der Gnade Gottes leben kann, und darum kann auch meine Hoffnung sich nur darauf gründen, daß Gott vollenden wird, was er in mir angefangen hat.

Und was soll mir die Furcht vor der Strafe? Als Schreckmittel brauche ich sie nicht; denn eines solchen zu bedürfen, bedeutet für mich einen Mangel an Aufrichtigkeit des sittlichen und religiösen Strebens, der ebenso schlimm ist, als die Sünde. Das Zeugnis meines Gewissens aber, daß ich der göttlichen Liebe nicht wert bin, erkenne ich zwar als vollkommen richtig an, doch wüßte ich nicht, welchen Sinn der Glaube an die Gnade hätte, wenn ich um meiner Unwürdigkeit willen verzweifeln wollte.

So kann ich mir nicht vorwerfen, daß mein Glaube an ein ewiges Leben der Lohnsucht entsprungen oder ein Notbehelf sei, um die Sittlichkeit zu stützen, die nicht auf eigenen Füßen stehen könne. Ich weiß, daß er nichts anderes ist, als die notwendige Folgerung meines Geisteslebens, dessen ich gewiß sein muß, wenn ich es wirklich leben will. Ich glaube, um menschlich leben zu können.

Ein vieltausendstimmiges Zeugnis beweist mir, daß viele dasselbe Bedürfnis haben. Wenn andere, darunter auch edle Menschen, versichern, daß sie es nicht fühlen, so kann ich doch nicht wider mich selbst. Ich untersuche nicht, ob sie sich täuschen oder wirklich anders geartet sind, als ich; ich richte sie nicht. Aber ich kann nicht um ihretwillen mich selbst verkümmern.

Ich lasse mich auch nicht durch Querfragen irre machen, als da sind: Was wird aus den Menschen, deren Geistesleben verwahrlost ist? Was kann in ihnen für die Ewigkeit sein? Sind auch die Kinder unsterblich, oder wann tritt in der stetigen Entwicklung des Geistes der Augenblick ein, mit welchem die Fähigkeit des Fortlebens beginnt? Das sind müßige Fragen. Ich kann in keinen Menschen hineinschauen, auch nicht beurteilen, ob ein entwicklungsfähiger Keim ewigen Lebens in ihm vorhanden ist, oder nicht. Darum schweige ich darüber. Ich weiß nur, was in mir ist, und das will ich nicht unterdrücken. Ich will mir auch nicht wehren lassen, von meinem Glauben zu reden, und fühle mich gehoben, wenn mein Wort in einem Herzen Wiederhall findet.

8.

Man sagt mir: Die Hand aufs Herz, ist das Leben, das du führst, wirklich ein glückliches? Du schweifst mit deinen Blicken in ferner Zukunft umher; darüber verlierst du ja die Gegenwart. Du strebst unaufhörlich vorwärts; so muß dir doch das, was jetzt ist, ganz verleidet sein. Ist nicht der Mensch viel glücklicher, der jederzeit ganz und froh dem

Augenblicke lebt und von der verzehrenden Sehnsucht frei ist, der Zufriedene, der sich an dem genügen läßt, was er ist?

Diese Frage hat mich nicht gleichgültig gelassen. Sie weckt einen gewissen schmerzlichen Ton in meinem Innern. Ich muß bekennen, daß mir etwas fehlt. Natürlich; denn wer strebt, hat nicht, was er sucht. Aber mit demselben Rechte, wie diese Frage, ließen sich auch viele andere aufwerfen.

Ist nicht der Unwissende glücklicher, als der, welcher etwas weiß? Denn alles wissen können wir nicht, und etwas wissen bereitet manche Unruhe. Und sollte nicht der, in welchem das Gewissen schlummert, glücklicher sein, als der, in welchem es wach ist? Denn da keiner ohne Sünde ist, gibt es keine Gewissenhaftigkeit ohne mancherlei Betrübnis. Zuletzt könnte man fragen: Ist der Schmetterling, der im Sonnenschein die Blüten küßt, nicht ein glücklicheres Wesen, als der Mensch, der sinnend einer Stimme in seinem Innern lauscht, die er doch nie ganz versteht? Ja, es ist ein Körnchen Wahrheit in diesen Fragen. Und doch wird niemand deshalb uns raten, Wissen und Gewissen und menschliches Leben von uns zu werfen.

Wir haben nicht zu bestimmen, was wir sein wollen. Wir sollen das sein, wozu wir bestimmt sind. Und können wir es nicht ohne Schmerzen sein, so haben wir sie zu tragen. Erklärt es uns doch schon die einfachste Sittenlehre, daß alles Gute kämpfend errungen werden muß, und ein edler Sinn nur in der Selbstverleugnung reift. Ruheloses Streben ist die Triebfeder in der Geschichte der Menschheit. Warum sollte es im Leben des Einzelnen anders sein? Als Mensch muß ich streben und ein fernes Ziel mir setzen, und ich will lieber auf das Gefühl voller Befriedigung verzichten, als auf mein Hoffen und Sehnen.

Ich bin aber dabei nicht so unglücklich, daß ich mich selbst beklagen möchte. Ich fühle mich vielmehr in meinem Glauben so reich, daß die Freude über das, was ich besitze, den Schmerz des Entbehrens überwiegt. Ich verlange nicht nach der Ruhe der Empfindungslosigkeit, ich freue mich meines vorwärts gerichteten Lebens. Ich weile auch nicht träumend in der Zukunft, ich bringe meine Zeit nicht damit zu, mir Bilder derselben auszumalen, noch schwelge ich in Gefühlen. Das ist Müßiggang. Ich weiß, daß ich meine ganze Kraft an meine sittliche Aufgabe zu setzen habe und jeder nicht mit voller Gegenwart des Geistes durchlebte Augenblick verloren ist. Darum strebe ich jederzeit ganz und voll für das Jetzt zu leben. Aber es soll mir vom Lichte der Ewigkeit beschienen sein.

O wäre es nur recht hell auf meinem Lebenswege! Wäre ich nur aus allem Schwanken und aller Unruhe heraus schon zu voller unwandelbarer Zuversicht gekommen! Dann würde mein freier Geist ungeteilt der Gegenwart mit ihren Forderungen sich hingeben und in seiner Weise leben, wie der Schmetterling im Sonnenschein. Das Glück liegt nicht hinter mir, sondern vor mir. Ich muß es erstreben, indem ich mich zu vollenden suche.

V.

Urteilen und Wirken.

1.

„Welchen Anspruch auf Gewißheit kann der Glaube erheben? Er ist ein Meinen und kein Wissen, und darum seiner Natur nach etwas Unsicheres." So hörte ich oft mit großer Zuversicht sprechen.

Da fragte ich: Was ist das Wissen, das allein Sicherheit gewähren soll, und worauf beruht es?

Was ich sehe und höre und sonst mit den Sinnen wahrnehme, halte ich für gewiß. Warum? Ich traue meinen Sinnen und glaube, daß sie mir die Wahrheit vermitteln.

Ich weiß, daß das, was ich wahrnehme, nicht die Dinge an sich sind, sondern nur meine Vorstellungen von den Dingen. Dennoch nehme ich an, daß den Wahrnehmungen Wirklichkeiten entsprechen. Warum? Ich habe keinen Beweis, aber ich glaube es.

Was ich auf dem Wege des verständigen Denkens durch Schlußfolgerungen erkenne, halte ich für gewiß. Was berechtigt mich dazu? Ich traue meinem Denkvermögen und glaube, daß die Gesetze desselben auf Wahrheit beruhen.

Unser ganzer Gedankenbau gründet sich auf eine Anzahl von Grundsätzen, die wir nicht beweisen können, aber auch nicht als beweisbedürftig ansehen. Warum? Ein Anfang muß sein, von dem man sagt: Das ist. Aus nichts kann nichts folgen.

So fand ich, daß unser ganzes Wissen auf keinem anderen Grunde steht, als auf einem Glauben.

„Das alles mag richtig sein," sagt man. „Aber es ist doch ein Unterschied. Die Zuverlässigkeit unseres Wissens ist uns durch die Gleichheit der Denkgesetze bei allen Menschen und die daraus folgende allgemeine Zustimmung zu den Verstandeswahrheiten verbürgt, während der religiöse Glaube verschiedenartig und persönlich ist."

Das muß ich zugeben. Ist es aber mit den sittlichen Wahrheiten anders? Auch hier sind die Meinungen der verschiedenen Völker und Zeiten sowohl, als der Personen nicht gleich. Aber niemand, der ein wirklich sittlicher Mensch ist, läßt sich dadurch irre machen. Wenn ihm z. B. feststeht, daß es sittlich gut sei, sich selbst zu verleugnen, Liebe zu üben und Treue zu halten, so hält er dies nicht bloß für seine persönliche Ansicht, die auf allgemeine Geltung keinen Anspruch mache. Er kann seine Grundsätze weder verstandesmäßig beweisen, noch eine allgemeine Zustimmung zu denselben erzwingen. Dennoch denkt er nicht: Das meine ich nur so, es ist aber ebenso auch möglich, daß Selbstsucht und Untreue sittlich gut sei. Er sagt vielmehr bestimmt: Es ist so. Worauf ruht seine Gewißheit? Auf einem unmittelbaren Gefühle, das er bejaht. Sie ist Glaubensgewißheit, gerade so, wie die religiöse.

2.

Für mich selbst ist mir mein Glaube Gewißheit, und ich weiß, worauf dieselbe sich gründet. Aber kann ich erwarten, daß alle so glauben, wie ich?

Schon die Thatsache, daß die Verschiedenheit der Ansichten auf dem religiösen Gebiete eine ungleich größere ist, als auf dem sittlichen, deutet mir an, daß hier die Dinge anders liegen. Und wirklich, wie sollte eine Uebereinstimmung möglich sein, wenn alle Glaubensvorstellungen nur Bilder eines im Gemüte geahnten Unendlichen sind?

Jeder sucht in Gott, was ihm das Höchste ist. Wie können alle in ihm dasselbe suchen, da die Stufen geistiger Entwicklung so verschieden sind? Jeder wird von dem Unendlichen in besonderer Weise berührt, einem Instrumente gleich, in welchem der Lufthauch einen Ton hervorruft. Wie können alle Töne gleich sein, da die Gemüter so mannigfach geartet sind? Und nun soll die Ahnung noch in eine Vorstellung gekleidet und in Worte gebracht werden, welche die=

selbe nur andeuten, nicht wiedergeben können. Da erhalten auch Einbildungskraft und Verstand ihren Anteil. Wie kann es anders sein, als daß selbst da, wo den Vorstellungen der gleiche Inhalt einwohnt, die Form derselben noch ungleich ist? Wären alle Menschen bei der Bildung ihres Glaubens rein selbstthätig, so würde jeder sein besonderes Bekenntnis sprechen. Nur ihre Zusammengehörigkeit und infolge davon ihre Abhängigkeit von der geschichtlichen Entwicklung ist die Ursache, daß es religiöse Gruppen gibt, Gemeinschaften gleichen Bekenntnisses, begründet durch die Kraft überwiegender Persönlichkeiten und erhalten durch die Macht eines erziehenden Ganzen. Je mehr aber die Abhängigkeit der Selbstthätigkeit weicht, desto größere Verschiedenheiten müssen zum Vorschein kommen.

Das liegt in der Natur der Sache und kann nicht wunder nehmen. Es kann aber auch den, der das religiöse Leben von der religiösen Vorstellung zu unterscheiden weiß, nicht irre machen.

3.

Ich kann nicht erwarten, daß alle so glauben, wie ich. Und doch habe ich es einst erwartet und bin nur schwer von diesem Irrtume zurückgekommen.

Eine mir fremde Ausdrucksweise des Glaubens zwar lernte ich leichter verstehen. Aber wo ich einem anderen Empfinden begegnete, habe ich oft Mühe gehabt, es mir zurecht zu legen. Wie sollte ich den hohen Geist mir deuten, der nach sittlicher Vollendung strebt, aber den Glauben grundsätzlich als einen Wahn zurückweist, oder den oberflächlichen Sinn, der niemals Lust und Zeit findet, der inneren Stimme Gehör zu geben, oder das düstere Gemüt, das die Religion haßt und in Aufregung gerät, wo es einer Aeußerung derselben begegnet? Es war mir schwer, solche Menschen zu begreifen, aber um der Wahrheit und um der Liebe willen habe ich danach getrachtet. Ich habe ihren Lebensgang erforscht und mich nicht mehr über sie gewundert. Ich habe mich in ihre Lage zu versetzen gesucht und vieles verstanden.

In manchem edlen Herzen konnte der religiöse Trieb sich nicht entfalten, weil ihm von Jugend auf ein anderes Ziel so leuchtend vor Augen gestellt wurde, daß es alle seine Gedanken und Kräfte der Erreichung desselben zuwandte.

Bedeutende Menschen übten schon auf das Kind einen übermächtigen Einfluß. Ihnen nachzueifern, ihre Stellung in der Welt zu erringen, ihnen gleich etwas Ausgezeichnetes zu leisten, war das Streben des Jünglings und beherrschte so ganz seinen Geist, daß es andere Regungen zurückdrängte. Dabei trat die Religion ihm nur in unwürdigen Vertretern entgegen, deren enger Sinn und geschwätziger Hochmut einen widerlichen Gegensatz zu dem freien Blick und der sittlichen Tüchtigkeit seiner Vorbilder darstellte. Ja er hörte Verdammungsurteile über das, was ihm groß und heilig erschien. Ist es nicht natürlich, daß die religiöse Anlage in ihm, die unter anderen Verhältnissen sich vielleicht sehr kräftig entwickelt hätte, verkümmerte, und die Religion ihm zuletzt den Eindruck einer seinem sittlichen Streben feindlichen Sache machte?

Die Anforderungen unserer Zeit an das Streben und die Leistungen der Menschen sind so groß und so mannigfaltig, daß die stille Sammlung, welche der Richtung des Geistes auf das Ewige nötig ist, vielen sehr erschwert wird. Es ist nicht immer Oberflächlichkeit, wenn man sagt: Ich habe keine Zeit, mich mit religiösen Dingen zu beschäftigen. Die hastige Thätigkeit, der wir so vielfach begegnen, entspringt nicht nur aus einer unsittlichen Begierde nach Gewinn. Es liegt wirklich eine Ueberfülle ernster Arbeit vor, es gibt Lebensstellungen, welche die Zeit und die Kraft eines Menschen so ungeheuer in Anspruch nehmen, daß man wohl verstehen kann, wie schwer es ihm wird, sich innerlich zu sammeln. Ist die Arbeit von der Art, daß sie die Gedanken in der Richtung auf höhere Ziele zusammenfaßt, so bietet sie wohl in sich selbst einigen Ersatz für diesen Mangel, so daß derselbe weniger gefühlt wird. Aber wie oft ist sie eine zerstreuende und treibt den Geist in Kleinigkeiten umher, welche nur dadurch eine sittliche Bedeutung erhalten, daß sie unter höhere Gesichtspunkte gestellt werden. In solchen Fällen habe ich bei edlen Menschen zuweilen einen bedauernswerten Zustand der Leere und Frieblosigkeit wahrgenommen, den sie mit dem Ausdruck der Sehnsucht nach Ruhe bereitwillig zugestanden. Aber sie konnten den Anfang zu religiöser Stimmung nicht finden.

Etwas anderes ist es, wenn dieser Anfang schon in der Jugend durch die Erziehung gegeben und weiterhin in gesunder Entwicklung zum kräftigen Glaubensleben geworden ist. Dann ist die Quelle offen, aus welcher der Geist auch in der Schwüle aufreibender Alltäglichkeit Erquickung trinkt. Aber wie vielen mangelt die religiöse Erziehung sowohl in der Jugend, als auch im späteren Leben. Kann der Keim in ihrer Natur ohne die treibenden Einflüsse von außen sich entfalten? So wenig, wie das Samenkorn auf dem Speicher. Erziehung ist der Boden, der Regen und der Sonnenschein für den Menschengeist, Erziehung von den ersten Einflüssen des Elternhauses an bis zur Gesamtheit aller der Einwirkungen, welche wir aus der uns umgebenden Menschenwelt je und je empfangen haben und noch täglich empfangen. Das ist mir immer klarer geworden, je mehr ich die Menschen und mich selbst beobachtet habe. Da habe ich mich nicht mehr gewundert, wenn ich solchen begegnete, die anders empfanden, als ich, und kein Verständnis für das hatten, was mein Herz bewegt. Ich versetzte mich an ihre Stelle und legte mir die Frage vor: Wie würdest du empfinden, wenn ihre Lebensgeschichte die deine wäre, und würdest du den verstehen, der zu dir spräche, wie du jetzt zu ihnen redest?

Auch die Frage hat sich mir zuweilen aufgedrängt, ob wirklich alle Menschen von Natur eine Anlage zur Religion und ein Bedürfnis des Glaubens haben. Es sind mir Fälle vorgekommen, welche mir die Annahme nahe legten, es möchten in der That manche zur Religion ebenso wenig oder ebenso schwach angelegt sein, wie andere zur Musik. Ich wage es nicht zu behaupten, aber der Gedanke an diese Möglichkeit hat mich im Urteil doppelt vorsichtig gemacht. Jedenfalls ist die Naturanlage nicht bei allen gleich, und Einflüsse, welche auf den einen günstig einwirken, können dem andern schädlich sein. Daher kommt es, daß manchmal die gleiche Erziehung zwei Menschen auf entgegengesetzte Bahnen führt.

Ich begreife die Verschiedenheit des religiösen Denkens und Empfindens unter den Menschen. Soll ich sie nun beklagen? Soll ich wünschen, daß die Unterschiede aufhören, und alle so denken und empfinden, wie ich?

Man sagt wohl: Es kann nur eine Wahrheit geben, und wer überzeugt ist, die Wahrheit zu haben, muß wünschen, daß sie allgemein erkannt werde. Aber habe ich die Wahrheit?

Daß unsere religiösen Vorstellungen nur unvollkommene Bilder sind, habe ich eingesehen, werde also die Vollkommenheit der meinigen nicht behaupten können. Was aber unvollkommen ist, das ist der Vervollkommnung bedürftig. Darum kann ich nur wünschen, daß die Menschheit und ich in ihr zu immer größerer Reinheit ihrer Glaubensvorstellungen durchdringe. Das geschieht aber eher, wenn verschiedene Auffassungen klärend aufeinander wirken, als wenn nur eine vorhanden ist, die sich ihrer Mangelhaftigkeit nicht bewußt wird. So habe ich immer an mir selbst gefunden, daß nichts mich mehr fördern konnte, als ein aufrichtiges Eingehen auf eine fremde Vorstellungsweise.

Sollte aber, was von den Vorstellungen gilt, auch für das religiöse Empfinden zutreffen? Sollte es nicht wünschenswert sein, daß alle Menschen mit gleicher Liebe Gott zugewendet wären und mit offenem Herzen auf jede seiner Offenbarungen lauschten? Ja, dieser Wunsch erfüllt meine Seele, und ich beklage jede Unterdrückung religiösen Lebens, sei sie durch persönliche Schuld oder durch die Verhältnisse herbeigeführt.

Nur habe ich auch hier die Gefahr eines Irrtums entdeckt, dem ich mit vielen andern oftmals verfallen bin. Es ist die Verwechslung des frommen Empfindens mit dem Ausdruck desselben. Wem stets der Mund überfließt von dem, was sein Herz erfüllt, der hält leicht denjenigen für kalt, welcher sein Heiligstes sorgfältig in sich verschließt. Und doch können beide gleich stark empfinden, sie sind nur verschieden geartet. Aus demselben Grunde pflegt der eine mit Vorliebe das religiöse Gemeinschaftsleben, ein anderer geht seinen Weg einsam und sucht Gott im Verborgenen. Der Gefühlsmensch bildet sein Innenleben zart und sorgsam aus und entzückt durch die Blüten, die er daraus erzeugt; der Mensch der That setzt seine Gefühle alsbald in Willen um und entwickelt aus unscheinbaren Blüten die nährenden Früchte nutzbringenden Schaffens. Eine unselbständige Natur kann der Schlingpflanze gleich nur durch Anschluß an eine feststehende Ueberlieferung schön und fruchtbringend gedeihen und sieht deshalb in der selbstverleugnenden Unterwerfung unter diese das Wesen der Frömmigkeit; wer auf selbständiges Wachstum angelegt ist, fühlt sich zum Suchen und Gestalten verpflichtet und vernimmt in diesem innern Drange die Stimme Gottes, der er mit Hingabe seiner selbst gehorcht.

Groß sind die natürlichen Unterschiede und werden durch Erziehung und Verhältnisse noch größer, so daß wirklich fromme Menschen einander oft gar nicht verstehen. Sollen wir aber wünschen, daß das religiöse Leben nur eine Gestalt habe? Das wäre so verkehrt, als der Wunsch, daß es in der Natur nur einerlei Lebensform geben möchte. Wir bewundern in der Schöpfung den unermeßlichen Reichtum der Bildungen, in welchen die eine schaffende Kraft zum Ausdruck kommt. Wie mögen wir dasselbe in der Menschenwelt beklagen?

5.

"Wenn die religiösen Vorstellungen und die Formen des frommen Lebens verschieden sein müssen, sind wir dann berechtigt, die unsrigen in der Weise geltend zu machen, daß wir damit auf andere einzuwirken suchen? Sollten wir uns nicht damit zu begnügen haben, daß wir sie für uns besitzen?" Diese Schlußfolgerung habe ich oft gehört, zumeist von solchen, welche entweder ihre Zurückhaltung rechtfertigen oder unerwünschter Beeinflussungen sich erwehren wollten.

Fragte ich mich nun, ob es mir wohl heilsam gewesen wäre, wenn niemand sich für berufen gehalten hätte, auf mich einzuwirken, so hatte ich eine schnelle Antwort. Ich habe zwar mein Denken und Leben möglichst selbständig zu gestalten versucht, aber ich weiß auch, daß es nur zum kleinsten Teile mein eigenes Werk ist. Das bei weitem meiste und das Beste, das ich mein geistiges Eigentum nenne, ist einem in den Jahrtausenden vor mir angesammelten Schatze entnommen, ein Teil entfällt auf die Eigentümlichkeit der Menschen, die auf meine Entwicklung eingewirkt haben, und nur ein kleiner Teil auf mich selbst. So fühle ich mich von Dank durchdrungen nicht nur gegen die, welche einen unmittelbaren segensreichen Einfluß auf mich ausgeübt, sondern auch gegen alle, welche im Laufe der Zeiten etwas zur Förderung religiöser Erkenntnis und frommen Lebens in der Welt beigetragen haben. Ich danke ihnen dafür, daß sie nicht in falscher Scheu oder aus Trägheit sich selbst gelebt, sondern nach Kräften sich bemüht haben, ihrer Ueberzeugung gemäß auf ihre Umgebung zu wirken. Und wenn auch mancher Irrtum sich ihren Bestrebungen beigesellt, manches Wort und manche That eine ganz andere Folge gehabt hat, als sie beabsichtigten, so ist doch ihr redlicher Wille und ihre selbstlose Treue im großen Haushalte menschlichen Geisteslebens nicht verloren gewesen.

So will denn auch ich in diesen Wechselverkehr der Geister frisch und freudig mich hineinstellen, nicht bloß empfangen, sondern auch geben, und meine Eigenart an dem Platze, an welchen Gott mich gestellt hat, zur Geltung bringen. Ich thue dann, was ich muß, wozu die innere Stimme mich treibt; der Erfolg liegt nicht in meiner Hand. Ich thue, was die Liebe von mir fordert; denn wenn ich jenen danke, die einen heilsamen Einfluß auf mich gehabt haben, so muß ich denen, welche ihr Lebensweg in meinen Kreis führt, gleiche Dienste zu erweisen suchen. Ich thue es nach meiner Kraft und Einsicht und gebe mich, wie ich bin. Ich rede nach meiner Ueberzeugung und handle nach meinen Grundsätzen. Ich wünsche das, was in mir lebt und mir Befriedigung gewährt, anderen mitzuteilen, damit es auch ihnen zum Segen werde.

Ich gebe es in der Gestalt und Eigentümlichkeit, in der ich es habe; aber ich sehe diese bloß für die Unmündigen, die auf meine Unterweisung angewiesen sind, als wesentlich an. Den Mündigen gegenüber ist sie nur das Mittel, durch welches ich mich ihnen darstelle und mitteile, um anregend auf ihr inneres Leben einzuwirken; wie ich sie auf mich wirken lasse.

6.

Wie ward es mir einst so leicht, Gericht zu halten und als Sünde zu verurteilen, was meinem Denken und Empfinden entgegen war. Es ist mir schwerer geworden, je mehr ich von der Wahrheit erkannte.

Nicht einmal auf dem Gebiete der Sittlichkeit kann ich es über mich bringen, einen Menschen zu verdammen.

Ich kann die böse That verabscheuen und den Thäter strafen. Aber ich kann nicht das Endurteil über ihn sprechen, seit ich tiefere Blicke in das Leben gethan und die rätselhaft verschlungenen Wege beobachtet habe, auf welchen unter unberechenbaren Einflüssen Gesinnungen und Willensrichtungen sich ausbilden. Manchen, dessen erster Anblick mich entsetzte, habe ich freisprechen müssen, sobald ich seine Geschichte überschaute. Ja oft mußte ich mit Beschämung bekennen, daß meine scheinbar viel kleineren Sünden in Wahrheit größer waren, als die seinen.

Ist nun schon auf sittlichem Gebiete eine solche Zurück=
haltung des Urteils geboten, so ist dies auf dem religiösen
noch viel mehr der Fall. Es kann einer sittlich gut sein,
ohne daß das religiöse Leben in ihm zur Ausbildung ge=
kommen ist. Darf ich ihn verurteilen? Sein Mangel kann
wesentlich die Folge äußerer Umstände sein. Weiß ich, wie
weit er selbst daran schuld ist? Es kann aber auch der gleiche
fromme Sinn und Wille in den verschiedensten Formen zum
Ausdruck kommen, ja es muß das der Natur der Sache nach
geschehen. Kann ich jemand verdammen, weil er das, was
sein Herz durchglüht, anders ausdrückt, als ich? Wenn ich zu
der Einsicht gekommen bin, daß alle meine religiösen Vor=
stellungen nur unvollkommene Bilder des Unvorstellbaren sind,
so vermag ich nicht dem zu zürnen, der, mit gleicher Liebe
dem Höchsten zugewendet, ihn unter anderen Bildern sich nahe
zu bringen sucht.

Die Verwechslung von Form und Wesen beherrscht zur
Zeit noch das religiöse Leben, und die, welche fromm erzogen
sind, haben fast durchweg von Jugend auf den Eindruck em=
pfangen, daß wahre Frömmigkeit nur eine Sprache und Ge=
stalt habe. Die Bewahrung dieser Sprache und Gestalt ist
ihnen also Gewissenssache und gilt ihnen als heiligste Pflicht.
Wie kann ich denen, welche mich nicht zu verstehn vermögen
und mein religiöses Denken als Unglauben ansehn, einen
Vorwurf daraus machen? Ich zürne ihnen nicht, ja ich blicke
nicht einmal mitleidig auf sie herab; ich urteile nicht über
ihre Person.

Ihre Frömmigkeit beurtheile ich aber nicht nach ihrer
Form, sondern nach ihrem Gehalt, soweit mir derselbe be=
kannt ist. So kommt es beispielsweise nicht darauf an, wie
jemand das Wesen nennt, zu welchem er betet, sondern darauf,
was er in ihm sucht. Die reine Seele, die sich vor dem
Marienbilde niederwirft und von der Heiligen, in welcher ihr
die unendliche göttliche Heiligkeit und Liebe Gestalt gewinnt,
ein immer größeres Maß heiligen Sinnes und selbstverleug=
nender Liebe erfleht, hat dasselbe religiöse Leben, wie das
fromme Herz, welches mit gleicher Glut die gleiche Gnade
von dem Gottessohne begehrt. Und beide haben ein höheres
Leben, als ich, wenn ich zwar meinen Blick nur auf den
Einen richte, von dem alles kommt, aber ein matteres Ver=
langen nach Heiligkeit und Liebe habe oder wohl gar ein
selbstsüchtiges Begehren an ihn stelle.

7.

„Der Glaube macht selig." Dieses oft gesprochene Wort hat mir viel Schwierigkeiten bereitet. Es hatte für mich etwas Abstoßendes, worüber ich mir klar werden mußte. Ich forschte nach dem Grunde meiner Abneigung und stieß auf zwei falsche Vorstellungen, die man mit jenem Worte zu verbinden pflegt.

Wenn man von Seligmachen redet, denkt man gewöhnlich an einen göttlichen Richterspruch und einen Lohn, der dem Menschen am Schluß seiner irdischen Laufbahn zugesprochen wird. Da kann ich aber nicht mitgehn. Wo Lohn ist, da ist auch Verdienst. Ich habe aber vor Gott kein Verdienst; weder meine Werke, noch mein Glaube begründen ein solches. Es ist alles Gnade, und diese schließt den Lohn aus; denn Gnadenlohn ist ein Widerspruch in sich selbst.

Zu dieser irrigen Vorstellung kommt eine andere, die man mit dem Worte Glauben verknüpft. Es ist von jeher Sitte gewesen, unter Glauben die Zustimmung zu bestimmt ausgeprägten religiösen Vorstellungen zu verstehn. Und auch da, wo man es betont hat, daß diese Zustimmung nicht ausreiche, sondern mit einer Gesinnung verbunden sein müsse, hat man dieselbe doch wenigstens als ein wesentliches Stück des Glaubens angesehen. So hat man die ewige Seligkeit von einer Bedingung abhängig gemacht, deren Erfüllung gar nicht im Bereiche unsers Willens liegt, sondern zum bei weitem größten Teile, oft auch ganz auf Zufälligkeiten, Geburt, Erziehung und dergleichen beruht. Daß dies ein Irrtum sei, hatte ich schon gefühlt, ehe ich mir darüber Rechenschaft gab.

So erwies sich mir mein Widerwille gegen den Gedanken, daß der Glaube selig mache, als wohl begründet. Und doch hatte derselbe wieder etwas Anziehendes für mich, als sei in ihm eine große Wahrheit enthalten. Auch darüber suchte ich mir Klarheit zu verschaffen.

Selig möchte ich ja sein, nach Leben dürfte ich, nach vollem, ungetrübtem, in sich befriedigtem Leben. Selig möchte ich werden, auf eine Vollendung in der Ewigkeit richte ich den hoffenden Blick. So ist auch die Seligkeit in dieser und der zukünftigen Welt das Höchste, was mich die Liebe einem Menschen wünschen heißt. Wie werden wir selig? Es gibt keine wichtigere Frage für uns.

Ich höre eine Antwort, die in tausend verschiedenen Tönen aus der Menschheit mir entgegenschallt und in der Tiefe meines Herzens einen süßen Klang erweckt. Sie heißt: Das innigste und heiligste Sehnen deines ganzen Wesens ist kein Traum. Der alles Lebens Ursprung, Inhalt und Ziel ist, hat es in dich hineingelegt, um dich an sich zu ziehen und sich dir zu offenbaren. Denn du bist Geist aus seinem Geiste und wirst zu vollem Leben erwachen, wenn du ihn erkennend dich selbst erkennst. Er ruft dich; höre seine Stimme. Er steht vor dir; thue deine Augen auf. Er reicht dir die Hand zum Bunde; schlage ein.

Das ist die That, die von mir gefordert wird. Ich soll ja sagen zu dem, was mir im tiefsten Innern redet, ich soll aus mir herausgehen, um in der Gottesfülle zu atmen, die mich umgibt, ich soll vertrauen, wie das Kind im Schoße des Vaters. Das ist der Glaube, und wenn ich glaube, bin ich selig.

Ja, der Glaube macht selig und bringt mich mit einem= mal in den Besitz dessen, was mein Teil und Erbe jetzt und in Ewigkeit ist, wie das Erwachen aus dem Schlafe uns in den Wiederbesitz unsers Seins und unserer Habe einsetzt. Aber das Leben des Zweifelnden ist ein unruhiger Traum. Er streckt die Hand aus und greift nichts; er eilt und kommt nicht von der Stelle. Er nimmt den Anlauf zum Höchsten, was sein Geist ihm vorstellt, bleibt aber bald wieder stehen und spricht traurig, müde und in sich gekehrt: Es ist ja nichts, es ist alles nicht wahr; alles nur Gebilde meiner Sehnsucht, in der ich mich zwecklos verzehre.

8.

Wenn diese Betrachtungen mich zur äußersten Milde in der Beurteilung der Menschen stimmten, so befriedigten sie zwar in wohlthätigster Weise mein Denken und Fühlen, aber ich mußte doch ernstlich die Frage erwägen, wie weit ich mit solcher Weitherzigkeit im Kampfe des Lebens kommen, und ob sie die Kraft des Handelns nicht lähmen werde.

Ich machte die Bemerkung, daß die einseitigsten und rücksichtslosesten Menschen die größten Wirkungen hervor= bringen. Sie urteilen schnell und sicher, sie legen einen ein= fachen Maßstab an und scheiden ohne viel Bedenken zwischen Guten und Bösen, sie stellen bestimmte Sätze auf und kennen nur ein entschiedenes Für oder Wider, sie sind Partei oder schließen sich einer Partei an, außerhalb welcher sie kein Heil sehen, sie bekämpfen die Andersdenkenden bis aufs äußerste und ziehen die Gleichgesinnten mächtig an, sie sind stark in Liebe und Haß. Das sind die Menschen der That, welche ihren Willen durchsetzen und Erfolge erzielen, und wenn sie das Gute wollen, werden sie Wohlthäter der Menschheit. Sie regen die Geister auf und treiben zur Entscheidung, sie erschüttern die Gemüter und reizen die Triebe, gute wie böse, sie drohen und verheißen, wirken Furcht und Hoffnung und setzen auch die Trägsten in Bewegung. Dieser rücksichtslosen Entschiedenheit muß die zur Vorsicht im Urteil mahnende Gerechtigkeit und die Demut gebietende Erkenntnis unserer Geistesschranken den Platz räumen. Sie steht der zum Handeln nötigen Bestimmtheit im Wege und führt so hoch über die durch Leidenschaften bewegte Welt hinaus, daß man den Einfluß auf sie verliert.

Hier stehe ich vor einer sehr schwierigen Aufgabe. Es gilt, sich mit Thatsachen abzufinden. Die Menschen werden thatsächlich mehr durch Gefühle und Triebe bestimmt, als durch Urteil. Erstere sind eben in der Natur gegeben, letzteres ist das Werk des selbstthätig entwickelten Geistes. Urteilen kann nur der Mündige, und das sind nicht viele. Die Unmündigen aber müssen geleitet und erzogen werden. Man kann ihnen weder zumuten, selbständig sittliches und religiöses Leben zu erzeugen, noch zwischen verschiedenen Ausdrucksweisen eines solchen zu wählen. Man muß ihnen bestimmt ausgesprochene Gedanken und fest ausgeprägte Lebensformen geben, um den darin enthaltenen Geist ihnen mitzuteilen. Das Sittlichgute muß ihnen in Form von Geboten, das Verhältnis zu Gott als Geschichte und Lehre nahe gebracht werden.

Sie bedürfen einer Macht, die sie nötigt, das Gute zu thun und an Gott zu glauben. Das kann aber nur die Macht einer überlegenen Persönlichkeit oder einer festgegründeten Ordnung sein, welche von oben her erklärt: Das ist, und das sollst du thun. Mit der Unterwerfung unter eine solche Gewalt fängt jede geistige Entwicklung an, hat auch die meine angefangen, und die meisten kommen nicht darüber hinaus.

Darauf beruht alle Erziehung, sowohl der Kinder, als der Erwachsenen. Sie wirkt zuerst und am stärksten mittels des Gefühls, in zweiter Reihe erst durch Erkenntnis auf den Willen ein. Sie lockt und schreckt, sie erweckt Lust und Ab=

scheu, sie ermutigt und straft, blickt freundlich und zürnt. So richtet sie den Willen auf das Gute und auf die Quelle alles Guten, um eine unveränderliche Gesinnung, eine starke Liebe zu erzeugen, durch welche der Geist erst frei und zu sittlichem und religiösem Urteil befähigt wird.

Wo ich also zu erziehen oder im Dienste einer erziehenden Ordnung zu handeln habe, da gilt es nicht, etwas zu suchen, sondern von einem festen Punkte aus Wirkungen hervorzubringen. Ich soll nicht, um meinem Gerechtigkeitsgefühl Genüge zu thun, vorhandene Mängel und Verirrungen auf ihre Ursachen zurückführen, sondern auf ihre Beseitigung hinarbeiten, und das geht nicht ohne Kampf. Wer aber kämpfen und niemand wehethun will, wird nichts ausrichten. Ich soll nicht Untersuchungen über verschiedene Ausdrucksweisen anstellen, um mir die gewünschte Klarheit darüber zu verschaffen, sondern durch mein Wort bestimmend auf die Gemüter einwirken. Da muß das Wort ein sicheres und bestimmtes sein, nicht tastend, sondern fest auf das Ziel gerichtet; sonst wird es wirkungslos verhallen.

Das ist der Grund, weshalb die einseitigen Menschen meistens tiefere Eindrücke hervorbringen, als die weitherzigen. Ich mußte mir ernstlich die Frage vorlegen, inwieweit ich mit gutem Gewissen auf diese Forderungen des Lebens eingehn könne.

9.

Wenn ein verwahrlostes Kind nur durch strenge Strafe zu der ihm vor allem nötigen besseren Gewöhnung gebracht werden kann, darf ich lange fragen, wer die Schuld an den üblen Sitten des armen Wesens trägt? Die Liebe sagt: Nein. Sie wird ohne Bedenken, vielleicht mit blutendem Herzen, alle Mittel anwenden, durch welche sie ihre Absicht zu erreichen hofft. Sie wird dasselbe thun, wenn die verwahrlosten Kinder Erwachsene sind. Sie mag ungerecht handeln, und es ist doch recht. Denn die Liebe ist die höchste Gerechtigkeit.

Wenn eine zarte Seele vor dem Verführer geschützt werden muß, soll ich erst untersuchen, ob der Feind eine milde oder strenge Beurteilung verdient? Nein, mit den schärfsten Waffen muß ich auf ihn eindringen, um ihn zurückzutreiben. Alle Zurückhaltung wäre Verrat. So verlangt auch die Liebe

zum Volke von mir, daß ich seinen Verderbern mit rücksichts=
losem Ernste begegne. Sie mögen an sich entschuldbar sein,
ich darf sie doch nicht schonen. Ich will über keinen das
Endurteil sprechen, keinem persönlich zu nahe treten, aber im
Kampfe für das Volkswohl muß ich das Schwert schwingen
und den Widersacher unschädlich zu machen suchen, auch wenn
ich mehr Mitleid als Haß gegen ihn habe.

Wenn ich sehe, daß eine große Sache nur durch den
Kampf der Parteien entschieden werden kann, und der Einzelne
vergeblich arbeitet, solange er nicht auf eine Seite tritt, soll
ich meine Kraft nutzlos vergeuden oder unthätig zuschauen,
um dem Streite fernzubleiben? Ich müßte mich der Untreue
anklagen. Ich weiß wohl, daß im Hader der Parteien viel
gesündigt wird, aber Nichtsthun ist auch Sünde. Es ist so
bequem, die Hände in den Schoß legen und mit Wohlgefallen
sie betrachten, wie sie so rein vom Schmutze des Welttreibens
sind. Aber wo bleibt die Liebe, die wirken muß, solange es
Tag ist?«

Ich muß ja nicht mitsündigen, wenn die Partei sündigt.
Ich muß nicht persönlich hassen, wenn ich um die Sache streite.
Ich muß nicht verdammen und dem Gegner schlechte Beweg=
gründe unterschieben, wenn ich seinen Bestrebungen entgegen=
trete. Ich muß nicht verdächtigen und verleumden; ich kann
mit scharfen, aber ehrlichen Waffen kämpfen. Ich muß nicht
lügen und das Böse gut nennen, wenn meine Gesinnungs=
genossen es thun; ich kann die Wahrheit stets mit aller Ent=
schiedenheit über die Partei stellen und werde dadurch der
guten Sache nie schaden, sondern ihr nur willkommene Dienste
leisten.

So bin ich denn zum Kampfe nicht nur berechtigt, son=
dern verpflichtet, wenn die Liebe ihn fordert. Bezeugt mir
mein Gewissen, daß ich frei von unlautern Beweggründen
und unreinen Leidenschaften bin und es treu und aufrichtig
meine, so darf ich es getrost wagen. Die Lauterkeit der Ge=
sinnung wird mich dann auch vor unedler Kampfesweise bewahren.

10.

Ich werde nichts ausrichten, wenn ich das, was ich für
wahr und gut halte, nicht mit aller Bestimmtheit als solches
ausspreche und verfechte. Woher nehme ich aber das Recht
dazu? Bin ich nicht ein Mensch, der irren kann?

Manche fühlen sich beruhigt, wenn sie viele auf ihrer Seite sehen. Ich kenne dieses Gefühl, ich weiß, wie erhebend es ist, von einer großen Bewegung der Geister getragen zu werden. Aber die Wahrheit ist oft schon bei der Minderheit gewesen.

Manchen ist es genug, sich mit der Ueberlieferung alter Zeiten in Einklang zu wissen. Auch dieses Hochgefühl ist mir bekannt; aber wie viele Ueberlieferungen sind schon durch eine bessere Erkenntnis in den Schatten gestellt worden.

Andere fußen darauf, daß sie im Dienste einer fest= gegründeten menschlichen Ordnung stehen. Solche Ordnung ist ja notwendig, und das Bewußtsein, von ihr seine Berufung zu haben, gewährt einen starken Halt. Aber hat nicht jede neue Wahrheit durch einen Kampf mit der bestehenden Ord= nung sich Bahn brechen müssen?

So scheint hier nirgends ein fester Boden zu sein. Und in der That, ich finde keine Macht um mich her, auf die ich meine Ueberzeugung gründen könnte. Ich müßte mich ja erst für eine dieser Mächte entscheiden; aber wie kann ich das, wenn ich nicht zuvor eine Ueberzeugung habe, nach der ich meine Entscheidung treffe? Da ich erzogen ward, unterwarf ich mich der Gewalt, in deren Wirkungskreise ich mich zu= fällig befand. Nun ich frei urteilen soll, muß ich mich über das Zufällige stellen, wenigstens soweit ich es vermag.

So bleibt nichts übrig, als mich auf mich selbst zu stützen und nach eigener Ueberzeugung zu glauben und zu handeln. Das Recht aber und die Pflicht, diese Ueberzeugung geltend zu machen, habe ich wie jeder, der seiner Sache gewiß ist, und beide richten sich nach dem Grade meiner Gewißheit.

Ich habe mich also gewissenhaft zu prüfen. Bin ich noch unsicher, mir selbst nicht klar, von der Wahrheit meiner An= schauung noch nicht so vollkommen durchdrungen, daß sie mein ganzes Leben beherrscht und in allem meinem Thun sich aus= prägt, so muß ich mich zurückhalten und erst reif zu werden suchen. Habe ich aber eine wirkliche Ueberzeugung, eine feste innere Gewißheit von der Wahrheit und Heilsamkeit meiner Grundsätze und von der Verderblichkeit des Gegenteils, so bin ich verpflichtet, alle meine Kräfte zur Durchführung derselben einzusetzen und keinen Kampf zu scheuen.

Daß es sich dabei, soweit es das religiöse Gebiet be= trifft, um Grundsätze und Lebensanschauungen handelt, und nicht um Vorstellungen, ergibt sich mir aus der Natur des religiösen Erkennens. Zwar sind auch die Vorstellungen nicht gleichgültig, insofern sie das fromme Leben vermitteln und dieses um so besser vermögen, je näher sie der Wahrheit kommen, und es kann darum auch ein gewisser Streit um sie nicht vermieden werden. Aber er ist ein anderer, als der Kampf um Grundsätze. Auf Annahme meiner Vorstellungen darf ich nur bei denen bringen, gegen welche ich eine Pflicht der Erziehung habe; mit den Mündigen habe ich mich über die annähernde Richtigkeit derselben auseinanderzusetzen. Grundsätze dagegen müssen sich im Leben bewähren, und die wir bewährt gefunden haben, müssen wir einfach durchzusetzen suchen.

11.

Im Gemeinschaftsleben ist mein Geist geworden und gewachsen, dem Gemeinschaftsleben fühle ich mich mit allen meinen Kräften verpflichtet. Einem Ganzen zu dienen, macht mir das Dasein wert; im Wechselverkehr mit ihm, empfangend und gebend, finde ich Befriedigung und Förderung, eine unversiegbare Quelle der Kraft. Als Glied eines Ganzen wurzle ich in der Vergangenheit und wirke in die Zukunft. So bin ich gesund und lebe.

Darum will ich die Gemeinschaft pflegen. Ich will den menschheitlichen Bestrebungen meiner Zeit nicht fern bleiben, ich will mit meinem Volke fühlen und ringen. Ich will die Verbindungen unterhalten, in welche ich mich von Natur gestellt finde, ich will neue suchen, wo mein Nahrungs- und Thätigkeitsbedürfnis sie nötig macht.

Auch das religiöse Leben quillt in der Gemeinschaft. Keiner ist fromm durch sich allein, nur wenige dürften es bleiben für sich allein. Im Zusammenschlusse vieler lodert das heilige Feuer, im begeisternden Vereine wachsen die Flügel der Seele, in der Genossenschaft pflanzen sich die Errungenschaften der Jahrhunderte von Geschlecht zu Geschlecht fort.

Was ist es aber, das eine Religionsgemeinschaft begründet und zusammenhält? Ist Religion Leben, so kann eine religiöse Vereinigung, wenn sie wirklich diesen Namen verdient, nur durch ein Leben entstehen und bestehen, durch einen Geist, der in ihr seinen Leib besitzt, durch Grundsätze, die in ihr zur Aussprache kommen. Wenn dieser Geist entschwindet, mag sie eine Zeitlang noch als Leichnam vorhanden sein, geht aber ihrer Auflösung entgegen. Ja, der Geist macht lebendig, wie den Einzelnen, so auch ein Ganzes.

Nun vermag ja aber mein Geist sein Verhältnis zu Gott sich nur durch Vorstellungen zu vermitteln. Wie kann es in einer Gemeinschaft anders sein? Wie kann das fromme Leben der Vorstellung entbehren, wenn es erst noch des Wortes bedarf, um von Mensch zu Mensch überzugehn? Nein, wenn ich je in Gefahr wäre, die religiösen Vorstellungen zu gering anzuschlagen, so müßte mich ihre Bedeutung für das Gemeinschaftsleben eines Besseren belehren. Da ist es sogar nicht genug, daß sie überhaupt vorhanden sind; sie müssen auch eine gewisse Uebereinstimmung in ihrer Form besitzen. Denn es sollen ja durch sie gleiche Empfindungen geweckt, gleiches Leben erzeugt und erhalten werden. Da soll ein Wort für alle sein, und alle, die es vernehmen, sollen das Wehen des einen Geistes verspüren.

Ich werde also um der Gemeinschaft willen mein religiöses Leben bis zu einem gewissen Grade an Vorstellungen anknüpfen und in Worten aussprechen müssen, die ich in meinem Kreise vorfinde. Und wenn ich auch ihre Unvollkommenheit erkenne und für mich selbst manches anders vorstelle und ausdrücke, so kann ich doch in vielen Fällen mich ihrer nicht entschlagen, und zwar nicht nur deshalb, weil ich mich der Einwirkung auf andere nicht begeben will, sondern auch um meiner eigenen Bedürfnisse willen.

Ich stehe nicht so da, daß ich der Gemeinschaft entbehren möchte. Mein Glaube und meine Liebe würden bald verdorren, wenn nicht in gemeinsamer Anbetung der Tau des Himmels sie erquickte, und ich würde bald nichts mehr geben können, wenn ich aus der unerschöpflichen Quelle des Gesamtgeistes nichts empfinge. Ich will mich nicht über das Volk stellen und in stolzer Abgeschiedenheit am Hungertuche nagen. Ich will im Volke leben, ein lebendiges Glied meiner Kirche sein, in der Gemeinde meine Erbauung suchen und damit zugleich zur Erbauung der Gemeinde mein Teil beitragen. Ich will neben dem geringsten meiner Brüder vor dem Vater knieen und den Saum seines Gewandes küssen, mir wohl bewußt, daß ich mit allem meinem reiferen Denken ihm nicht näher stehe, als das Kind, das mit liebendem Herzen seinen Namen lallt.

12.

Auf die Frage, inwieweit man um der Gemeinschaft und um des geschichtlichen Zusammenhanges willen mangelhafte religiöse Vorstellungen verwerten könne und dürfe, habe ich so verschiedene Antworten gehört, auch mir selbst in verschiedenen Zeiten meines Lebens gegeben, daß ich mich nicht entschließen kann, eine allgemein gültige Regel aufzustellen. Doch habe ich mir einige Grundsätze gebildet, nach denen ich verfahre.

Ich kann mit Kindern kindlich beten und bin erbaut, wenn ich mit ihnen zu Gott rede, wie ich für mich allein nicht zu ihm sprechen würde. Ich lasse mich da gar nicht zu ihnen herab, sondern ich erhebe mich mit ihnen. Mit Erwachsenen so zu beten, würde mir als Unwahrheit erscheinen und die Andacht hindern.

So kann ich auch in der Gemeinde anders mit Gott reden, als für mich allein, und fühle mich erhoben, wenn ich in dem Gebete den richtigen Ausdruck des Gesamtbewußtseins zu vernehmen glaube. Müßte ich mir sagen, daß hier unverstandene oder von der allgemeinen geistigen Entwicklung überwundene Formeln gesprochen würden, so hätte ich wiederum das Gefühl, daß etwas Unwahres geschehe, und könnte nicht mit dem Herzen dabei sein. Also der religiöse Vorgang, an dem ich mich beteilige, muß in sich selbst wahrhaftig sein.

Aber auch für mich darf er nicht zur Lüge werden. Ist er nur ein unvollkommener Ausdruck dessen, was mein Herz bewegt, so kann mich das nicht stören. Ich kann den Sinn, den ich meine, hineinlegen. Steht er aber im Widerspruch mit meinem religiösen Empfinden, drückt er ein Verlangen aus, das mir als unsittlich oder unfromm erscheint, sind die Vorstellungen, die ihm zu Grunde liegen, unvermögend, einen Ton in meiner Seele anzuschlagen, so kann ich keinen Anteil daran haben. Ich kann nicht mitbeten, wenn ich das, was erfleht wird, für unrecht halte; ich kann nicht mitreden, wo Unwürdiges oder Frevelhaftes von Gott gesagt wird; ich kann nicht in die Anrufung eines Wesens einstimmen, das mir ganz gleichgültig ist oder gar mein bestes Gefühl verletzt.

Wenn Ueberlieferungen, die nichts anderes, als Menschenworte sein können, der gemeinsamen Erbauung als Gottesworte zugrunde gelegt werden, so dulde ich das nicht bloß, sondern ich beuge mich unter dieselben und öffne ihnen mit der ganzen Gemeinschaft mein Herz, wenn sie irgend eine erhabene sittliche oder religiöse Wahrheit enthalten. Denn jede Wahrheit ist ja in der That ein Wort Gottes, auch wenn sie von Menschen ausgesprochen ist. Allein ich kann nicht dulden, daß etwas Menschliches, sei es eine Person, eine Anstalt, ein Buch oder eine Lehre in wahrheitswidriger Weise für göttlich erklärt werde.

Das geschieht aber, wenn es dem Streben nach Wahrheit in den Weg gestellt wird. Den Gleichgültigen und den Verächtern gegenüber heißt es: Das ist Gottes Wort, dem sollt ihr gehorchen. Dem Schwachen und Zagenden ist die von der Gemeinschaft anerkannte Wahrheit Gotteskraft und Gottestrost. Diejenigen, welche frei damit übereinstimmen, freuen sich der göttlichen Offenbarung. Nie aber soll die Bahn zu höheren Stufen des Lebens und der Erkenntnis vermauert, nie dem heiligen Triebe, der ohne Ende aufwärts strebt, Einhalt gethan werden. Das führt in jene traurigen Zustände, von denen die Weltgeschichte so viele warnende Beispiele gibt, wo ein unseliger Widerspruch zwischen einer besseren Einsicht und der rechtlich geltenden Religionslehre das öffentliche Gewissen abstumpft und Wahrhaftigkeit und Frömmigkeit in gleicher Weise schädigt. Darum will ich nie an Bestrebungen teilnehmen, durch welche die Gemeinschaft sich die Möglichkeit eines gesunden Fortschritts abschneidet.

Erfülle ich aber damit meine ganze Pflicht? Muß ich nicht selbstthätig mich an dem Fortschritt beteiligen?

Wenn ich denselben als in dem Willen Gottes gelegen erkenne, so muß ich mich auch zur Mitarbeit verpflichtet fühlen. Diese Pflicht aber richtet sich nach dem Maße meiner Kraft. Einem berufenen Reformator darf niemand einen Vorwurf daraus machen, wenn er, der inneren Stimme folgend, ohne Rücksicht auf das Aergernis, welches schwache Seelen nehmen, seine Bahn durchschreitet. Wir geringeren Geister sind solche Rücksichtnahme schuldig. Wir haben gewissenhaft zu prüfen, ob wir im einzelnen Falle berechtigt sind, vorhandene Heiligtümer zu zerstören, und müssen jedes Recht dazu uns absprechen, wenn wir nicht etwas Besseres aufzubauen vermögen. Das Zerstören ist aber leichter, als das Bauen. Es ist auch nicht genug, daß wir von der Güte dessen, was wir bieten können, überzeugt sind. Wir müssen uns zu vergewissern suchen, daß es auch für die, welchen wir es bieten, das Bessere ist. Denn wir täuschen uns leicht, wenn wir die Menschen nach uns beurteilen.

Darum empfiehlt es sich, womöglich zu geben, ehe man nimmt. Finde ich in dem religiösen Denken eines Menschen Irrtümer, deren Beseitigung ich wünschen muß, so werde ich dies am besten ohne Schaden für ihn erreichen, wenn ich durch mein Wort und noch lieber durch meine Tat ihm die Wahrheit so vor Augen stelle, daß sie ihn überzeugt. Dann wird der Irrtum von selbst fallen. So ist es auch im allgemeinen wenig nütze, ausschließlich falsche Meinungen zu bekämpfen. Man bejahe lieber, statt zu verneinen; man lasse die Wahrheit leuchten, damit sie von selbst den Irrtum zerstreue.

Die Wahrheit aber ist das Einfache, das in der Menschennatur Begründete, das Wesentliche in der Religion, die reine, innige, kindliche Frömmigkeit, und es ist hohe Zeit, daß gerade dieses in seiner einzigen Erhabenheit und in seinem alles überbietenden Werte erkannt werde. Vieles Verwirrende, viel unnötiger, schädlicher Streit, viel Heuchelei, Unglaube und Gleichgültigkeit würde ein Ende haben, wenn alle Kräfte religiöser Wärme, die unter uns vorhanden sind, auf ihr wahres Ziel gerichtet wären und nicht in nutzlosem Kampfe um Unwesentliches und Wertloses sich zersplitterten.

VI.

Christentum und Parteien.

1.

Ich bin im Christentum erzogen und habe von Jugend auf gelernt, christlich als gleichbedeutend mit wahr zu betrachten. Als ich aber erkannte, daß es außer dem Christentum noch viele andersgeartete und ernstgemeinte Religionen und Weltanschauungen gebe, fühlte ich die Verpflichtung, eine gewissenhafte Prüfung anzustellen. Denn es war doch kein Grund vorhanden, anzunehmen, daß eine Lehre gerade darum die richtige sein müsse, weil ich darin erzogen worden. Viele Menschen sind ja freilich nicht in der Lage, zu prüfen. Sie sollen in der Religion, auf welche sie durch ihre Geburt angewiesen sind, sich treu zu erweisen suchen. Wer aber urteilen kann, ist verpflichtet, es zu thun, und würde untreu sein, wenn er es unterließe. So habe auch ich nicht die Wahl, ob ich prüfen will, oder nicht. Ich muß es thun, soweit ich von Gott dazu befähigt bin. Ich muß mir Rechenschaft geben über das Ganze und Einzelne und darf mich wissentlich durch kein Vorurteil für oder wider bestimmen lassen.

2.

Betrachte ich die Sittlichkeit, welche das Christentum des Neuen Testaments lehrt, so fällt zunächst die Innerlichkeit derselben auf. Nicht genug, daß die sittlichen Forderungen hoch über die religiösen Gebräuche gestellt sind, ja den letzteren der sittliche Wert überhaupt abgesprochen wird, soweit sie nur etwas Aeußerliches sind: auch das Sittengesetz selbst wird mit aller Entschiedenheit auf die Gesinnung als die Wurzel und den Wertmesser alles Handelns ausgedehnt. So ist Wahrheit und Lauterkeit ein Grundzug der christlichen Sittlichkeit.

Welches ist aber die Gesinnung, die gefordert wird? Eine vollständige Erneuerung des Herzens wird sie genannt, ein Absterben des alten und Auferstehen des neuen Menschen, eine entschiedene Abkehr von allem Bösen und eine uneingeschränkte Liebe zum Guten. Es wird also mit dem sittlichen Streben rücksichtsloser Ernst gemacht. Der vollkommene Sieg des Geistes über das Fleisch ist das Ziel. Was das eigentliche Wesen der Sittlichkeit ausmacht, die innere Freiheit, die Herrschaft der in sich vollendeten Persönlichkeit über die ungeordneten Triebe, die Umgestaltung der Natur zum gefügigen Werkzeuge des Geistes, das stellt das Christentum mit unbeugsamer Entschiedenheit als seine Forderung auf. Es verlangt volle, wahre Geistigkeit.

Diese Geistigkeit ist aber keine unfruchtbare Beschäftigung mit sich selbst. Das Christentum ist vollendete Liebe. Die Ueberwindung der Natur durch den Geist ist ihm wesentlich die Ausrottung der Selbstsucht, die selbstverleugnende Hingabe für das Wohl der Gesamtheit wie des Einzelnen, die Freude am Segnen und Dienen, das herzlichste Erbarmen, das stets zum schwersten Opfer bereit ist, ohne sauer zu sehen und seine Wohlthaten vorzurechnen. So verschließt sich die christliche Sittlichkeit bei aller ihrer Innerlichkeit nicht in sich selbst, sondern ist ohne Aufhören ein kräftiges, unermüdliches Handeln, das seine Aufgaben nicht erst an sich herantreten läßt, sondern rastlos sie aufsucht, ein Handeln auch da noch, wo sie duldet. Denn das christliche Dulden ist nicht ein verzagtes, träges Gehenlassen, sondern ein heldenmütiger Kampf, der selbst dann nicht aufgegeben wird, wenn das Wirken versagt ist, und nur noch das Kreuz der welterlösenden und befreienden Wahrheit zum Siege verhelfen kann.

Fürwahr ich finde keine reinere Sittlichkeit, als die des Christentums. Ebensowenig weiß ich eine reinere Religion. Das Verhältnis des Menschen zu Gott ist hier beides, tiefste Unterwerfung und herzlichste Gemeinschaft. Gott steht über uns in so unbedingter Erhabenheit und Heiligkeit, daß wir jeden Anspruch aufgeben müssen, vor ihm etwas zu sein und irgend welches Verdienst zu haben. Wir sind allesamt

Sünder, die Zorn verdient haben. Aber Gott ist die Liebe und bietet uns Gnade an, damit wir selig werden. Wir sollen ihm glauben und liebend uns in seine Arme werfen, aller Selbstgerechtigkeit entsagen und seiner Gnade leben, allen eigenen Willen hingeben und uns ganz mit ihm zusammenschließen. Dann ist er unser Vater, und wir sind seine Kinder. Wir sind seiner mit Freuden gewiß, wir überlassen ihm vertrauensvoll alles, was uns auf dem Herzen liegt, und erwarten unser ganzes Heil von seiner Liebe, die als der ewig unwandelbare Fels im wogenden Meere der Zeit steht.

Sind wir aber Gottes Kinder, so ist zwischen uns und ihm offene Bahn, kein Mensch und keine menschliche Einrichtung darf sich in die Mitte stellen, die Mittlerschaft jeder Art von Priestertum hat ein Ende, jeder Christ ist ein Priester Gottes. Indem er darauf verzichtet, etwas für sich selbst zu sein, wird er zu einer Höhe erhoben, die alle Throne der Welt weit überragt. Jede einzelne Seele erhält einen unendlichen Wert, das Gotteskind muß Gottes Erbe sein, sein Weg kann nicht abwärts in die Vernichtung gehn, sondern muß aufwärts zur Vollendung führen. Die Gewißheit des ewigen Lebens ergibt sich von selbst, der Geist Gottes, von dem sich der Gläubige durchdrungen fühlt, ist das Pfand desselben.

Hier sehe ich die Religion in der vollkommensten Erscheinung ihres Wesens, die ich kenne. Und so stellt sich mir das Christentum als die Verbindung der reinsten Sittlichkeit und der reinsten Religion dar. Scheinbare Gegensätze vereinigen sich in ihm zum schönsten Zusammenklang. Aus Gnade werden wir selig, allein aus Gnade, ohne alles eigene Verdienst, sagt der Glaube in seligem Frieden — und ruhelos entfaltet die Liebe die höchste sittliche Thatkraft. Alles von Gott, alles ist sein Werk, und nichts kann ihn an der Durchführung seines Willens hindern — und doch mußt du wirken, solange es Tag ist, und alle deine Kräfte einsetzen, als hättest du alles zu vollbringen. Die tiefste Demut vor dem Höchsten und die zarteste Milde gegen die Mitmenschen ist innig vereint mit der äußersten Rücksichtslosigkeit in Erfüllung der Pflicht und im Kampfe gegen das Böse.

Bewundernd stehe ich vor einer solchen Entfaltung des Geisteslebens in der Menschheit und preise mich glücklich, daß ich meinen Anteil daran habe.

3.

Das Christentum ist eine geschichtliche Religion, kein Gedankengebäude. Darin liegt seine Stärke, aber auch die Ursache der mancherlei Verirrungen, welche aus ihm hervor= gegangen sind.

Es ist durchaus die Wirkung einer Persönlichkeit. Jesus trat mit einer Lehre auf, welche, frei von jedem Staub der Schule, der lebensvolle Ausdruck eines einzigartigen sittlichen und religiösen Geistes war und die großen Fragen des Menschenherzens in einer Weise löste, daß sie auf die em= pfänglichen Gemüter den Eindruck der aufgehenden Sonne machte. Dazu stimmte seine ganze Erscheinung, eine über= wältigende Seelengröße, eine über allen Zweifel erhabene Glaubenszuversicht, eine heitere, ungezwungene, aus dem Be= wußtsein vollster Uebereinstimmung hervorgehende Sicherheit in seinem Verhältnisse zu Gott und sieghafte Gewißheit seiner göttlichen Sendung, eine feurige Thatkraft und rücksichtslose Entschiedenheit, verbunden mit ruhiger Klarheit und himm= lischer Sanftmut, eine auch dem Geringsten sich ganz hin= gebende, nach den Verlorenen die rettenden Hände ausstreckende Liebe, ein inniges Erbarmen mit aller leiblichen und geistigen Not der Menschen.

Das war kein gewöhnlicher Mensch. In seinem Zauber= kreise eröffnete sich denen, die sich von ihm anziehn ließen, der Himmel, sie fühlten die Nähe Gottes, der in ihm sich offenbarte und Gnade und Friede ihnen zusagte, sie lernten den Allmächtigen Vater nennen und wurden in die Gemein= schaft mit ihm hineingezogen, in welcher ihr Meister selbst stand. Ein neues Leben begann für sie, ein Geist der Zu= versicht und Freude bemächtigte sich ihrer, der sie von Furcht und knechtischem Gottesdienst befreite und zur Erfüllung der hohen, rein sittlichen Gebote ihres Herrn willig und stark machte. Diese Wirkung der Persönlichkeit Jesu auf seine Jünger war so mächtig, daß sie nach seinem Tode sich nicht wieder verlor, vielmehr in fortwährender Steigerung eine weltüberwindende Stärke erlangte. Sie hielten sein Bild voll göttlicher Gnade und Wahrheit fest, sie sahen ihn als den Verklärten zur Rechten Gottes, sie pflegten mit ihm eine Geistesgemeinschaft, die noch viel inniger wurde, als sie in der Zeit seiner leiblichen Gegenwart gewesen war, sie fanden

Mut und Freudigkeit, in einer feindlichen Welt von ihm und seinem Heil zu zeugen, und wurden unter allen Verfolgungen in ihrem Glauben nur gewisser.

Aus der kleinen Schar wurde die christliche Kirche, das Christentum ward Weltreligion. Die Person Jesu blieb der lebendige Mittelpunkt derselben, die Vereinigung von Gottheit und Menschheit, welche seine Jünger in ihm geschaut hatten, lebte in ihr fort als das offenbar gewordene Geheimnis der Wahrheit. Die Kunde von den großen Thatsachen, daß Gott die Welt geliebt, seinen Sohn ihr gesandt und durch ihn einen neuen Bund, eine ewige Versöhnung gestiftet habe, ward von einem Geschlecht zum andern als das Kleinod der Menschheit fortgeerbt.

Das war die Stärke dieser Religion. Eine Persönlichkeit war in ihr lebendig, in welcher Gottheit und Menschheit versöhnt war, und wirkte unausgesetzt mit der Kraft reinster Sittlichkeit und reinster Religion, die einmal in der Welt thatsächlich sich entfaltet hatte. Die Wahrheit, welche im Christentum offenbar geworden ist, steht nicht in der Form von Gedanken da, sondern in der Gestalt von Thatsachen. So leuchtet sie noch immer in stets sich erneuernder Jugendfrische, sie lebt vor den Augen der Gläubigen und wird geschaut.

Dieser Sachverhalt hat nun freilich auch zu mancherlei Verirrungen Anlaß gegeben. Auf dem Siegeswege, den die neue Religion durch die Kraft ihres Geistes sich bahnte, stieg die Vorstellung von der Person Jesu weit über das Maß dessen hinaus, was er gewesen war, und wie er sich selbst gegeben hatte. Aus dem Wege wurde das Ziel, aus dem Vermittler mit dem Höchsten der Höchste selbst. Das Wort Gottessohn wurde aus seiner bildlichen Bedeutung in die buchstäbliche umgesetzt, der Gedanke eines gottgleichen Wesens nicht mehr unmöglich gefunden. Ja, der menschgewordene und für die Welt gestorbene Sohn zog die Herzen mehr an und empfing glühendere Gegenliebe und innigere Anbetung, als der in unnahbarer Ferne thronende Vater. Der in einer Mischung von heidnischer und jüdischer Philosophie geschulte Verstand bemächtigte sich dieser Gefühle und goß sie in die Form einer bestimmt ausgeprägten Lehre. Die Gottheit Christi wurde mit allen sich daraus ergebenden Folgerungen festgestellt, und die Unvereinbarkeit derselben mit seiner Menschheit und mit dem Glauben an die Einheit Gottes damit zurückgewiesen, daß die verstandesmäßig gebildete Formel als Glaubensgeheimnis dem Verstande widersprechen müsse. Ebenso wurden die geschichtlichen Thatsachen in geheimnisvolle überweltliche Vorgänge umgesetzt, die Versöhnung des Menschen mit Gott in eine Versöhnung Gottes, der geschichtlich so entscheidend gewordene Kreuzestod Jesu in eine die Stellung Gottes zur Welt verändernde Leistung verwandelt.

Das alles vollzog sich wohl nach einer innern Notwendigkeit; aber daraus folgt nicht, daß diese Gedanken für immer unwidersprechlich seien. Vieles in der Geschichte war notwendig zu seiner Zeit, und ist doch nur eine Stufe auf der Bahn der Erkenntnis gewesen. Einer späteren Zeit kann ein anderes Urteil ebenso notwendig sein, und die Wahrhaftigkeit verlangt, dasselbe rücksichtslos zu fällen und auszusprechen.

Ein heftiger Kampf der Meinungen über Christus und sein Erlösungswerk ist auch jetzt wieder entbrannt. Auf welche Seite soll ich mich stellen?

Ich kann nach keiner Seite hin wider die Wahrheit. Die Wahrheit, welche aus dem Worte und aus dem Geiste Jesu zu mir redet, überwältigt mein Herz. Ich muß diesen Einzigartigen unter den Gotteskindern lieben mit allem Feuer meiner Seele, ich muß voll Verehrung und Begeisterung zu dieser Persönlichkeit aufschauen, in der das Höchste und Seligste, was das Menschenherz bewegen kann, in so fleckenloser Reinheit durch alle Zeiten hindurch strahlt. Mag auch mancher Zug in seinem Bilde, wie es die Evangelien uns entwerfen, mehr sagenhaft als geschichtlich sein, so fühle ich doch, daß hier ein Mann vor mir steht, der gelebt und wie kein anderer in die Weltgeschichte eingegriffen hat, und auch die Sagen von ihm haben eine Wahrheit, indem sie dem Geiste entstammen, der von ihm aus in seine Gemeinde übergegangen ist. Ich weiß, was ich ihm zu danken habe, und will mich in meinem Innern so mit ihm verbinden, daß er in meinem Geiste leben und ununterbrochen mein Denken und Leben beherrschen soll. Ich will mich seines Kreuzes nicht schämen, und die Schmach, welche ihn und seine Wahrheit getroffen hat und noch oft genug trifft, freudig tragen.

Aber so innig ich ihn liebe und verehre, zum Gott kann er mir nie werden. Die Liebe und Anbetung, welche ich empfinde, wenn meine Seele sich zu Gott erhebt, ist eine so einzigartige, daß ich sie nimmermehr teilen kann. Es ist mir völlig unmöglich), neben den Einen, der alles ist, irgend ein Wesen zu stellen, von dem ich so denken und fühlen, zu dem ich so reden, dem ich mich so zu eigen geben könnte. Mögen andere es können — ich will keinen, der es thut, der Unwahrhaftigkeit bezichtigen — ich vermag es nicht. Für mich wäre es eine Lüge, eine Verkehrung meines innersten religiösen Lebens.

Ich kann auch die Versöhnung, welche Jesus gestiftet hat, nicht so ansehen, als habe er durch irgend eine Leistung auf Gott eingewirkt oder uns einen Anspruch an ihn erworben. Mein Glaube erträgt den Gedanken nicht, daß es irgend eine Einwirkung auf Gott geben, daß irgend ein Wesen einen Anspruch an ihn haben könne. Erlösung und Versöhnung bedarf ich und finde sie im Christentume, wie ich sie suche. Aber die Vorstellung eines von außen her versöhnten Gottes kann ich mir nicht aneignen.

So muß ich die Lehre der Kirche von der Gottheit und dem Verdienste Christi zurückweisen, und weiß mich damit in voller Uebereinstimmung mit ihm selbst.

4.

Das Christentum, als eine geschichtliche Macht in die Welt getreten, hat an eine frühere Entwicklung angeknüpft und dieselbe fortgesetzt. Jesus war zunächst der Prophet seines Volks und erklärte, die heiligsten Hoffnungen desselben erfüllen zu wollen. Diese Hoffnungen faßten sich in dem Gedanken des Reiches Gottes zusammen. Es war ein großartiger Gedanke, der von dem Glauben ausging, daß die Weltgeschichte die Durchführung eines göttlichen Heilsratschlusses sei, und die Gemüter in steter Spannung auf eine zukünftige Vollendung gerichtet hielt. Noch großartiger war der Inhalt, welchen Jesus diesem Gedanken gab. Er goß in diese Form die ganze Fülle seines sittlichen und religiösen Lebens hinein und verkündete, daß das Reich Gottes gekommen sei. Die Versöhnung zwischen Gott und Mensch, welche er selbst in sich trug und in die Welt hinauszuwirken unternahm, war ihm das verheißene Himmelreich, die Erfüllung aller Weissagung, die Vollendung der Geschichte seines Volks und der göttlichen Gedanken in derselben.

Wie aber schon die alttestamentlichen Propheten die Geschichte Israels als den Herzschlag der Menschheitsgeschichte betrachtet und im zukünftigen Gottesreiche ein Heil für die Menschheit gesehen hatten, so mußte noch vielmehr der Geist Jesu die volkstümlichen Schranken durchbrechen und die Welt sich zum Ziele nehmen; denn die Versöhnung der Menschenseele mit Gott in seinem Sinne ist etwas Allgemeinmenschliches, von Aeußerlichkeiten durchaus Unabhängiges. So trat das Christentum als die Vollendung der Weltentwicklung, als das in die Menschheit gekommene Gottesreich auf, mit dem Anspruch, alles Sehnen der Menschenseele zu befriedigen und der Welt das vollkommene Heil zu bringen.

Wenn dieses Glück zunächst nur ein inneres war, im äußeren Leben dagegen ein ungeheurer Kampf entbrannte und den Christen unsägliche Leiden brachte, so erhob sich die aufs höchste gesteigerte Begeisterung über diese Widrigkeiten und erwartete in der Ueberzeugung, den göttlichen Willen zu vollbringen, den bevorstehenden Sieg des Himmelreichs über alle feindlichen Mächte, die nahe Verklärung der Welt durch die Wiederkunft Christi. Diese Erwartung bewirkte eine aufs äußerste gespannte Thatkraft und Widerstandsfähigkeit. Die Gläubigen fühlten sich als Vorkämpfer eines Reiches, vor welchem demnächst die alte Welt zusammenbrechen und einer neuen Ordnung der Dinge Platz machen werde, sie waren sich bewußt, durch Ausbreitung des Evangeliums auf die baldige Vollendung des der ganzen göttlichen Weltregierung zugrunde liegenden Heilsplans hinzuarbeiten.

Diese Vorstellung von der Zukunft, welche in den ersten Zeiten als Erwartung der nahen Wiederkehr des Herrn die treibende Kraft der christlichen Bewegung gewesen ist, hat in der späteren Kirche naturgemäß eine andere Gestalt angenommen. Aber immer ist das Christentum eine Religion der Hoffnung geblieben, welche an eine zukünftige Vollendung glaubt und das Ziel des gegenwärtigen Lebens in der Ewigkeit sucht.

Das gewaltsame Hindrängen auf die Zukunft barg indes auch eine Gefahr in sich. Die gegenwärtige Welt, die ihrem Ende so nahe gedacht wurde, konnte an sich selbst keine Bedeutung mehr haben, die auf Weiterentwicklung und Förderung des Staatslebens, der weltlichen Bildung, des Wohlstandes gerichteten Bestrebungen der Menschen mußten wertlos erscheinen, wenn allem Zeitlichen in kurzer Frist der Untergang bevorstand. Hier war eine Klippe, an welcher der ganze Einfluß des Christentums auf die Weltgeschichte scheitern konnte.

Das ist nun allerdings nicht geschehn. Vielmehr ist aus dem Christentum eine Wiedergeburt der Welt auch in anderer, als religiöser Beziehung hervorgegangen. Es ist der stärkste Beweis für die hohe Vollkommenheit des aus Jesus stammenden sittlichen Geistes, daß die Christenheit der ersten Zeit mit ihren Zukunftserwartungen nicht in bodenlose Schwärmerei versunken, sondern ein Salz für alle Lebensgebiete geworden ist. So mächtig und alles beherrschend war die selbstverleugnende Liebe und unbedingte Unterwerfung unter jede göttliche Ordnung, daß die, welche nur noch mit einem Fuße in der Welt standen, das wärmste Gefühl für jede menschliche Not, den glühendsten Eifer für Besserung aller Verhältnisse und die gewissenhafteste Treue in Erfüllung aller bürgerlichen Pflichten bewiesen. Deshalb ist das weltverachtende Christentum durch seinen sittlichen Geist thatsächlich davor bewahrt worden, über dem Aufschauen zum Himmel auf der Erde zu straucheln.

Gleichwohl war das Verhältnis von Himmel und Erde kein klares, und es mußte eine Aenderung eintreten, als die Erwartung des jüngsten Tages sich nicht erfüllte, und an das Christentum die Aufgabe herantrat, die Welt, wie sie war und geschichtlich sich weiter entwickelte, mit seinem Geiste zu durchdringen. Da traten zwei Richtungen hervor, die in der katholischen Kirche immer unvermittelt nebeneinander hergegangen und auch in den Kirchen der Reformation, obwohl einander viel näher gebracht, doch noch nicht versöhnt sind. Die eine war der Welt zugewendet und sah in der Kirche und ihren Werken nur ein Schutzmittel gegen zeitliche und ewige Strafen für ihren weltlichen Sinn. Die andere war schwärmerisch nur auf den Himmel gerichtet und betrachtete das Weltliche als einen Gegensatz, der durch ein von den sittlichen Aufgaben sich abwendendes und auf sich selbst sich zurückziehendes, religiöses Leben überwunden werden müsse.

Wenn ich mich nun bemühe, in diesen Fragen Wahres und Falsches richtig zu scheiden, so komme ich zu folgendem Ergebnis. Die Religion auf der Stufe des Christentums muß durchaus eine Religion der Hoffnung sein. Das menschliche Geistesleben in dieser Entwicklung kann an der Grenze des irdischen Daseins nicht Halt machen. Wo der Mensch im Sinne der christlichen Versöhnung mit Gott sich verbunden fühlt, da müssen sich ihm auch Zeit und Ewigkeit zusammenschließen. Die Kinder des Ewigen können sich nicht als Wellen eines bewegten Meeres betrachten. Wie sie an Gott glauben, müssen sie auch an sich selbst und die Unvergänglichkeit ihres Lebens glauben. So müssen sie auch der Ueberzeugung sein, daß sie in dem Maße, als sie sich zu Gottesmenschen bilden, für die Ewigkeit wirken, und dieses Bewußtsein muß ihrem gesamten Denken und Thun eine erhöhte Begeisterung und Entschiedenheit verleihen.

Dabei muß aber das irdische Leben seine volle Selbständigkeit behalten. Die Menschheit als solche gehört durchaus der Erde an, und das Ziel ihrer Entwicklung liegt in den irdischen Grenzen. Jeder gute Mensch trägt dazu bei, daß das Reich Gottes in ihr sich ausgestalte, aber über ihre Schranken wird sie nie hinauskommen. Ich gehöre ihr an und habe in allem, was menschlich ist, das göttliche Gesetz zu erkennen, das ich weder gemacht noch zu beurteilen habe, dem ich mich vielmehr unbedingt unterwerfen muß. Alle in der Menschennatur begründeten Bestrebungen, gleichviel ob sie weltlich oder geistlich heißen, stehen im Dienste Gottes und haben als solche ihren Wert. Die Ausbildung aller menschlichen Kräfte, alle Thätigkeiten, welche für das Zusammenleben der Menschen, für ihre Herrschaft über die Erde, für ihr leibliches und geistiges Gedeihen notwendig sind, haben ihre volle, selbständige Bedeutung im Haushalte Gottes, und es gebührt uns nicht, sie in das Gebiet der Eitelkeiten zu verweisen.

In der Menschheit entwickeln sich unsterbliche Einzelwesen. Ich hebe meinen Blick zum Himmel und freue mich, ein Kind des ewigen Vaters zu sein. Aber ich bin jetzt nicht dazu da, mit meinen Gedanken träumend im Jenseits umherzuschweifen. Ich bin ein Mensch auf Erden und habe, solange ich es bin, hier meine Aufgabe. Ich trenne Zeit und Ewigkeit nicht so, als sei nur die letztere das Wesenhafte, erstere aber nichtig und schattenhaft. Kann ich auf Erden nach Gottes Willen leben, so ist dieses Leben etwas sehr Wesenhaftes, hat an sich schon einen hohen Wert, und seine Pflichten haben ihre eigene Bedeutung. Ich bin nicht lediglich um des Himmels willen da, ich soll gegenwärtig im Reiche Gottes auf Erden leben. So thue ich auch nichts nur um des Himmels willen, sondern wünsche von ganzem Herzen und mit aller Freudigkeit Gott in dieser Welt zu dienen, solange ich ihr angehöre, zufrieden und dankbar, daß ich es darf.

Das Reich Gottes auf Erden ist nichts anderes, als das sittliche und religiöse Leben der Menschen. In dem Maße, als dieses sich richtig und seiner Natur gemäß entfaltet, wird der Geist Gottes die Macht, welche die Welt beherrscht. Soweit dies begriffen wird, gilt als Wertmesser des Menschen seine Gesinnung, wie sie sich in seinem sittlichen Handeln offenbart. In diesem Sinne redete Jesus vom Reiche Gottes und seinen Kindern. Wie aber das Christentum eine Religionsgemeinschaft neben anderen in der Welt schuf, die gewisse Lehrsätze und Formen als ihre Kennzeichen aufstellte, wurden diese letzteren zunächst als gleichwertige Bedingungen der Zugehörigkeit zum Reiche Gottes erklärt, später noch über das sittliche Handeln gestellt. Diejenigen, welche jenen Lehrsätzen zustimmten und jene Formen sich aneigneten, nannten sich die Gläubigen, hielten sich als solche für die Auserwählten Gottes, zum ewigen Leben bestimmt, während die Masse der Ungläubigen zur Verdammnis ausersehen sei. Denn so sehr ist der Mensch zur Selbstüberschätzung geneigt, daß unvermerkt auch die tiefste Demütigung vor Gott zum geistlichen Hochmut umspringt, der Verzicht auf weltlichen Wissensstolz mit der Einbildung eines tieferen Einblicks in göttliche Geheimnisse Hand in Hand geht, und die Anbetung der alles eigene Verdienst ausschließenden göttlichen Gnade zu der Annahme führt, vor anderen vom Höchsten erwählt und ihm wohlgefällig zu sein.

Das ist eine Verirrung, in welche geschichtliche Religionen begreiflicherweise sehr leicht verfallen. Um so mehr ist es für die, welche sie erkennen, Pflicht, ihr entgegenzutreten. Denn sie ist die Ursache der unzähligen Religionszänkereien, welche so viel Betrübnis anrichten, der Erkenntnis der Wahrheit so hinderlich und für Sittlichkeit und Religion so schädlich sind. Wieviel Vorwitz wird da mit den Geheimnissen der zukünftigen Welt getrieben. Wie leichtfertig geht man mit Begriffen um, deren Tragweite man nicht ahnt. Wie Kinder um Königreiche spielen, so spielt man mit Himmel und Hölle. Man setzt sich auf den Thron des höchsten Richters und scheidet die Seligen von den Verdammten. Es fehlen alle Bedingungen zu einem gerechten Gerichte, man kennt weder ihre Gesinnung, noch achtet man auf ihre Thaten, man ist nicht imstande, zu sagen, wie viel Anteil sie an ihrem Glauben und Leben haben, man verlangt ein Bekenntnis und einige Aeußerlichkeiten und spricht über die, welche dieser Forderung nicht genügen, leichten Herzens das Urteil: Ewig verloren und verdammt. Wenn der Gedanke der Ewigkeit so mißbraucht wird, wäre es besser, ihn nicht zu denken.

5.

Das Christentum trat mit dem Anspruche auf, höchste göttliche Offenbarung zu sein. Der Begriff der Offenbarung ist uralt und jeder geschichtlichen Religion wesentlich. Jesus fand ihn vor, die Geschichte des Volkes Israel vor ihm galt als Ausführung eines göttlichen Ratschlusses, die heiligen Schriften als von Gott eingegeben. Er knüpfte daran an und fühlte sich berufen, das Angefangene zu vollenden. Darum erkannte er die frühere Offenbarung an und berief sich auf dieselbe, beanspruchte aber für sich in gleicher Weise die Anerkennung seiner göttlichen Sendung.

Wer wollte ihm die Berechtigung dazu absprechen? Er verkündete kein künstlich errichtetes Lehrgebäude. Was ihm als Ergebnis eines einzigartigen religiösen Lebens im innigsten Verkehr mit dem Vater offenbar geworden war, was er als das Bedürfnis seines Volks und als das Endziel der bisherigen Wege Gottes erkannte, das sprach er nicht nur aus, sondern er sah es als seine Lebensaufgabe an, es in der Welt auszuwirken und ihr damit das Reich Gottes zu bringen.

Wer religiöses Leben in sich hat, dem ist Gott nicht nur ein Begriff, sondern der lebendige und lebendig machende Geist, er vernimmt in seinem Innern seine Stimme und redet mit ihm als mit einem Gegenwärtigen, er fühlt in sich seine Kraft und handelt als sein Werkzeug. Der Glaube an göttliche Offenbarung ist also von der Religion überhaupt unzertrennlich. Wenn aber Jesus von sich aussagte, eine besondere Offenbarung empfangen zu haben, so kann der ihm nicht widersprechen, der das Einzigartige seiner religiösen Persönlichkeit anerkennt. Und es ist nur natürlich gewesen, daß die Christenheit zu jeder Zeit in ihm denjenigen gesehen hat, durch welchen Gott am deutlichsten zu den Menschen redet.

Aber worauf gründet sich dieser Glaube? Wenn er Wahrheit ist, kann er nur auf freier Uebereinstimmung beruhen, auf dem Eindruck, den ich von dem Worte und dem Geiste Jesu empfange. Ich bin wohl von Jugend auf gelehrt worden, daß das Evangelium Jesu das Wort Gottes sei. Aber wenn man von mir verlangt, daß ich es deswegen glauben soll, so folgt daraus, daß jeder sein Leben lang für wahr halten muß, was er von Jugend auf gelernt hat, ein Gedanke, der sich selbst richtet.

Und doch wird es verlangt. Ungeprüft soll ich jedes Wort, das als ein Ausspruch Jesu berichtet ist, als Gottes Wort annehmen, obwohl er selbst nichts aufgeschrieben hat und demnach nicht einmal feststeht, wie weit ich wirklich seine Worte vor mir habe. Ich soll also zunächst an die Unfehlbarkeit der Evangelisten glauben und deshalb die Widersprüche, welche ich thatsächlich in dem als Jesuswort von ihnen Mitgeteilten wahrnehme, hinwegleugnen. Uebereinstimmend damit wird gefordert, daß ich die Werke sämtlicher biblischer Schriftsteller als Gottes Wort betrachte. Das will sagen, daß ich an die Unfehlbarkeit derer glauben soll, welche die Sammlungen der biblischen Bücher veranstaltet haben. Die katholische Kirche handelt nur folgerichtig, wenn sie die Kirche für unfehlbar erklärt und darauf den ganzen Glauben gründet.

Hier liegt eine Unwahrheit vor, welche wieder zu vielen anderen Unwahrheiten, künstlichen Deutungen der Schriftworte und Gewaltthätigkeiten gegen den klaren einfachen Sachverhalt führt. Ich kann mich nicht darauf einlassen; denn mit Unwahrheit wird weder Gott geehrt, noch das Heil der Menschheit geschafft.

Man sagt wohl: Wir müssen etwas Festes haben, denn an was sollen wir uns sonst halten? Aber was erst ein Spruch der Menschen fest macht, ist es nicht durch sich selbst. Oder man behauptet, Gott müsse uns etwas Sicheres gegeben haben, da es nicht sein Wille sein könne, uns im Ungewissen zu lassen. Aber warum sollten gerade wir einen Anspruch darauf haben, da so viele Millionen es nicht besessen haben und noch entbehren?

Wir haben in der Bibel so viel Himmelslicht und Gotteswahrheit, daß wir keinen Schaden zu fürchten brauchen, wenn wir sie wie jedes andere Buch beurteilen und unser Gewissen entscheiden lassen, wieviel von dem, was Menschen hier zu uns reden, Gottes Wort sei. Das Vergängliche wird dann dem Unvergänglichen nicht mehr im Wege stehn und wir werden die edelsten Kräfte nicht mehr mit dem Beiwerk vergeuden, sondern die Wirkung des Geistes reiner und voller verspüren. Kein Mensch ist unfehlbar. Diese einfache Wahrheit muß zunächst wieder erkannt werden. Dann erst wird eine Verständigung darüber möglich werden, was Gott allen guten und frommen Menschen offenbart hat und noch offenbart.

6.

Die Forderung, die Bibel als Gottes Wort anzuerkennen, schließt die andere ein, daß man die in ihr berichteten Wunder glaube. Vermag ich nun jenes nicht zu thun, so habe ich auch keinen zwingenden Grund für dieses. Auch wenn ich die Möglichkeit der Wunder zugebe, bleibt doch immer die Frage offen, ob gerade diese so, wie sie erzählt werden, geschehen seien. Das erfordert eine unbefangene Untersuchung und Vergleichung der Berichte, die keineswegs zu der für den Glauben nötigen Gewißheit führt. Denn glauben heißt gewiß sein, nicht bloß für möglich halten.

Diese Frage wird jedoch geradezu verhängnisvoll, wenn der Glaube an die genannten Wunder mit dem religiösen Glauben verwechselt oder auch nur in Verbindung gebracht wird. Wehe mir, wenn ich mein Verhältnis zu Gott auf einzelne Ereignisse gründen sollte, dazu auf solche, deren Glaubwürdigkeit erst noch zu untersuchen ist.

Nehme ich das Wunder, auf welchem nach der Meinung vieler der ganze christliche Glaube ruht, die Auferstehung Jesu. Es ist noch niemand gelungen, die Widersprüche in den Berichten über dieselbe zu lösen und ein klares, über allen Zweifel erhabenes Bild von der Sache zu geben. Wenn auch zuverlässig ist, daß die Jünger überzeugt waren, den Auferstandenen gesehen zu haben, und daß aus dieser Ueberzeugung die Weiterentwicklung des Christentums hervorgegangen ist, so verliert man doch allen Boden unter sich, wenn man versucht, sich vorstellig zu machen, wie sie ihn gesehen haben, und wie ein Leib beschaffen sein kann, der Fleisch und Bein ist und es doch nicht ist. Alle Vorstellungen sind hier Nebel, die zerfließen, sobald man an sie herantritt.

Wozu dient mir aber der Glaube an die leibliche Auferstehung Jesu? Daß er in persönlicher Vollendung lebt, ist mir gewiß, weil ich an das ewige Leben der Kinder Gottes glaube. Ich würde mich sehr unglücklich fühlen, wenn ich diesen Glauben erst auf eine bestimmte Auffassung eines unvorstellbaren, unter mancherlei Widersprüchen berichteten Wunders stützen müßte. Ebenso weiß ich, unabhängig von meiner Stellung zur Auferstehungsgeschichte, daß Jesus in der Kraft seines Geistes unter uns fortlebt. In diesem Sinne ist er der Lebendige kraft eines unwidersprechlichen Zeugnisses. Oder soll die Auferstehung Jesu mich meiner Versöhnung mit Gott gewiß machen? Die Versöhnung ist ein innerer Vorgang und ist geschehen, sobald ich im Geiste Jesu an Gott glaube. Dieser Glaube aber steht auf sich selbst und hat einen festeren Grund, als irgend ein Wunder zu bieten vermag.

So hat der Glaube an die leibliche Auferstehung Jesu zwar seine hohe geschichtliche Bedeutung; für die Gegenwart aber ist er so bedeutungslos, wie der Glaube an seine sichtbare Wiederkunft, und ich muß höher greifen, wenn ich mit Freude und Dank Ostern feiern will.

Ich leugne nicht, daß etwas eigentümlich Wirkungsvolles geschehen sei, das in den Berichten von der Auferstehung Jesu sich abspiegelt, aber ich bekenne, daß ich nicht weiß, was es gewesen, und tröste mich über meine Unwissenheit damit, daß mein christlicher Glaube davon nicht abhängt.

Ebenso ist es mit den Wunderthaten Jesu. Ich bestreite nicht, daß bei aller Unsicherheit der Berichte Thatsachen zugrunde liegen. Krankenheilungen durch Glauben werden auch außerhalb der Evangelien behauptet und nehmen noch jetzt in unserem Volksleben eine so bedeutende Stelle ein, daß ich nicht ohne die eingehendste Untersuchung über sie absprechen möchte. Vielleicht walten hier Naturgesetze — d. h. ein ewiger Gotteswille —, die noch zu wenig erforscht sind. Aber eben dieses beweist, daß weder der diese sogenannten Wunder wirkende Glaube, noch der Glaube an dieselben mit dem christlichen oder auch nur mit dem religiösen Glauben in notwendigem Zusammenhange stehe. Sagt doch selbst die Schrift, daß auch falsche Propheten große Wunder thun werden. Jesus ist für mein religiöses Leben ganz derselbe, ob er Kranke geheilt hat oder nicht. Hat er aber Kranke geheilt, so nützt mir das nichts; denn die Krankheit herrscht doch in der Welt, wenn auch unter vielen Millionen einzelne wunderbar geheilt worden wären oder vielleicht dann und wann noch geheilt würden.

Was will es heißen, wenn man den Glauben an den

lebendigen Gott am sichersten auf Wunder zu gründen vermeint? Was bedeuten ein paar Wunder in der zahllosen Menge der Nichtwunder? Wir brauchen nicht einen Gott, der etliche Male seine Kraft bewährt hat und im übrigen die Dinge ihren Lauf gehen läßt, sondern einen solchen, der immer und überall wirkt und in den allergewöhnlichsten Erscheinungen der gläubigen Seele nahetritt. Darum will ich die Wunder überall lieber leiden, als in der Religion.

7.

Ich weiß, daß der Geist des Christentums kein Licht des klaren Denkens zu scheuen hat. Ich habe in ihm die reine Frömmigkeit gefunden, die Wahrheit des Gemüts, die Wärme des Geisteslebens. Wie sollte die Wärme mit dem Lichte unvereinbar sein, die Gemütswahrheit nicht neben der Verstandeswahrheit bestehen können? Warum sollte ich mir das Denken verbieten müssen, um fromm zu sein, oder unfromm sein, um zu denken?

Aber ach, ich lebe in einer Zeit, in welcher Licht und Wärme sich voneinander zu scheiden drohen. Die Pflegstätten der Frömmigkeit sind dunkel, und die hellen Räume des Denkens sind kalt. In den altgläubigen Gemeinschaften der verschiedenen Bekenntnisse glüht viel innige Gottes- und Menschenliebe, viele Seelen finden den Frieden und werden vor dem Untergange in den Wogen der Welt bewahrt. Aber mit dem Heiligtume hüten sie ängstlich die Formen, in welche frühere Geschlechter das christliche Leben gegossen haben, und können nicht begreifen, daß nur der Geist göttlich, die Vorstellung dagegen menschlich ist. Sie verdammen diejenigen, welche im Bewußtsein ihrer Pflicht prüfen und forschen, werfen ihnen vor, daß sie im Hochmut es besser wissen wollen, als die ehrwürdigen Väter, ja als Gott selbst, und sehen nicht, daß der von Gott in der Weltgeschichte gewirkte Fortschritt der wissenschaftlichen Erkenntnis solche Prüfung fordert, und jene sich eben um Gottes willen derselben nicht entziehen dürfen.

Ich kann ihnen aus ihrer Unduldsamkeit keinen sittlichen Vorwurf machen. Sie können nicht duldsam sein, wenn nach ihrer Meinung Gottes Ehre angetastet und das Heil der Menschheit gefährdet wird. Aber eben diese Meinung, daß die Erfüllung einer offenbaren Pflicht eine Auflehnung wider Gott sei, die Verdammung der Andersdenkenden ohne Unterschied, ob sie gottlos oder fromm sind, ist der Beweis, daß sie sich in einem verhängnisvollen Irrtume befinden und den Geist Christi von geschichtlich gewordenen Vorstellungen über ihn und sein Werk nicht zu trennen vermögen. Mögen sie in ihrem übrigen Denken ganz klar und in ihrem Verhalten gerecht und liebreich sein, in diesem Punkte sind sie genötigt, Licht und Klarheit abzuweisen und selbst gegen gute und fromme Menschen hart und ungerecht zu sein. Damit hängen sie der Frömmigkeit einen Makel an, der sie vielen verhaßt macht, und tragen dazu bei, daß edle Geister an ihr irre werden, und uneble sie zur Befriedigung ihrer Leidenschaften mißbrauchen.

Dieser Verirrung gegenüber steht die andere, die man als Licht ohne Wärme bezeichnen mag. Da ist viel ernstes Streben nach Wahrheit, viel Aufopferung im Dienste der Wissenschaft und große Errungenschaften als die Frucht derselben. Aber für die Religion ist kein Verständnis. Man stößt sich an den Formen, in denen sie erscheint, man sieht überall Widersprüche gegen die wissenschaftliche Wahrheit und will nicht begreifen, daß die Form nicht das Wesen ist, und auch den vollkommensten Vorstellungen ein unabweisbares Bedürfnis zugrunde liegt, das befriedigt werden muß, wenn der Mensch sich gesund und ebenmäßig entfalten will. Man fühlt auch, daß hier eine leere Stelle ist, man empfindet ein tiefgehendes Mißbehagen, wenn der Mangel sich bemerklich macht, man sucht mit der Kunst und idealer Verklärung des Lebens die Lücke auszufüllen. Aber solange die höhere Welt nur ein Gedankenbild ist und nicht als die gewisseste Wirklichkeit geglaubt wird, solange die Seele scheu und unsicher von dem einen und wahrhaftigen Grunde des Lebens sich fern hält, in dem sie allein Ruhe finden kann, ist keine Kunst ausreichend, die rechte Lebenswärme zu erzeugen. Der Gebildete hat ein wenig Ersatz, mit dem er sich über seine eigentlichen Bedürfnisse hinwegtäuscht, der Ungebildete geht völlig leer aus.

Ich verurteile diejenigen nicht, welche der Religion mißgünstig sind, weil sie auf ihrem Standpunkte sie als einen Widerspruch gegen die Wahrheit ansehen. Aber eben dieser Mangel an Verständnis für eine wesentliche Bedingung des menschlichen Geisteslebens beweist, daß ihr Standpunkt nicht der richtige ist. So aufrichtig auch ihr Wille sein, so sehr ihnen die Fortentwicklung der Menschheit am Herzen liegen mag, sie hindern dieselbe an einem der wichtigsten Punkte und verkümmern die gesunde Entfaltung der Menschennatur. So geht auseinander, was zusammengehört. Und klein ist die Zahl derer, die das Wahre in den Gegensätzen erkennen und zu vereinen streben. Sie sind auf beiden Seiten übel angesehn, sie gehen vereinsamt ein jeder seinen Weg, sie suchen und können keine bequeme Straße aufweisen, auf der man in ermutigender Gemeinschaft dahinziehen möge. Darum sind sie verachtet und müssen sich Bitterkeiten sagen lassen, auf die sie nichts erwidern können.

8.

Wird eine der Entwicklungsstufe der Gegenwart entsprechende Einigung des Denkens und der Frömmigkeit gefunden werden, welche alle eblen Geister unter Gebildeten und Ungebildeten zu überzeugen und zu lichtem, warmem Leben zu erwecken vermag? Ich weiß es nicht, finde es auch unnütz, darüber Vermutungen aufzustellen. Es kann ja sein, daß zur rechten Zeit ein Prophet erscheint, der durch ein erlösendes Wort Ordnung in die ringenden Gedanken bringt, wie es schon manchmal in der Weltgeschichte sich ereignet hat. Es kann auch aus dem Kampfe der Geister ein neuer Geist der Zeit hervorgehn und die ersehnte Wahrheit ans Licht bringen. Das liegt aber in der Zukunft. Wir stehen jetzt im Streit der Gegensätze und müssen uns reiflich überlegen, wie wir uns darin zu verhalten, und was wir an unserm bescheidenen Teile zu thun haben, damit unser Volk ohne Schaden in dieser Zeit bestehe und einer besseren den Weg bereite.

1. Wir müssen auf jede Weise die Erkenntnis zu fördern suchen, daß das Gute an sich selbst einen Wert habe, Religion dagegen ohne sittliche Güte eine Lüge sei. Unser Volk muß sich daran gewöhnen, jedweden ohne Ausnahme nicht nach seinem Glaubensbekenntnisse, sondern nach seinen Thaten zu beurteilen, und es als eine Versündigung wider die Wahrheit zu empfinden, wenn ein guter, von reiner und aufopfernder Liebe erfüllter Mensch um seiner religiösen Ansichten willen verdammt wird. Denn die Güte der Frömmig-

keit ist durch die sittliche Reinheit, Wahrhaftigkeit und Kraft des Frommen bedingt, und es liegt alles daran, daß das religiöse Leben von der mannigfachen Unlauterkeit gereinigt werde, welche unter der Decke des kirchlichen Parteieifers so reichlich wuchert.

2. In gleicher Weise müssen wir Klarheit darüber zu verbreiten suchen, daß die Frömmigkeit zur Vollendung des Menschen durchaus notwendig ist. Der gute Mensch ohne Glauben gehört zwar unbewußt zum Reiche Gottes; wir sollen aber mit Bewußtsein dazu gehören. Die weitverbreitete religiöse Gleichgültigkeit, die unnatürliche Scheu vor jedem lebensvollen, innigen Verhältnisse zu Gott, die kühle Zurückhaltung und Unsicherheit in den tiefsten Beziehungen der Menschenseele muß überwunden werden, und es darf nicht länger geschehen, daß kindlicher Glaube und ernste Frömmigkeit mit Spottnamen belegt und dem Haß oder der Verachtung preisgegeben werden. Das ist kein Widerspruch gegen die erstgenannte Forderung, steht vielmehr mit derselben im engsten Zusammenhange. Denn der oberflächliche, des rechten sittlichen Ernstes ermangelnde Sinn ist mit einer fadenscheinigen Tugend zufrieden und hat kein tieferes Bedürfnis, als vor der Welt für rechtschaffen zu gelten. Ein ernstes Streben nach sittlicher Vollkommenheit und die Wahrhaftigkeit, die den vorhandenen Mangel erkennt, treiben in die Arme Gottes, bei dem wir den Frieden der Vergebung zugleich mit dem kräftigsten Antriebe zu neuer sittlicher Arbeit finden. Darum möge nur das Sittlichgute in seinem vollen Werte erkannt und geschätzt werden. Der schließliche Erfolg wird ein erhöhtes Verständnis des Glaubens sein.

3. Ist unser Absehen auf die Förderung wahrer Sittlichkeit und Religion im rechten gegenseitigen Zusammenhange gerichtet, so müssen wir darauf hinarbeiten, daß das Christentum in seiner Einfachheit, die zugleich seine einzigartige Wahrheit, Schönheit und Kraft ist, immer allgemeiner erkannt werde. Wir können die Zuthaten der Geschichte, die mancherlei Formen und Bilder in Gottesdienst und Lehre, welche im Laufe der Zeiten hinzugekommen sind und das Christentum zu einer Religion neben anderen herabgedrückt haben, allerdings nicht durch ein Machtwort beseitigen, müssen ihnen vielmehr, soweit sie nicht wahrheitswidrig sind, die ihnen zukommende Berechtigung zugestehn. Aber sie dürfen das Wesen der Sache nicht verdrängen, dürfen niemals aus

Mitteln zum Zweck werden. Dies wesentlich Christliche ist einzig und allein der Geist Christi, und der ist nichts anderes, als reine Sittlichkeit und reine Frömmigkeit. Alle Gottesdienste und kirchlichen Lehren haben nur insoweit Wert, als sie den Geist Christi zum Ausdruck bringen und die Herzen aus den Banden der Selbstsucht zur Liebe Gottes und der Menschen befreien helfen. Wer diese Erkenntnis mit Wort und That im Volke verbreitet, trägt dazu bei, daß sowohl der religiösen als der religionsfeindlichen Beschränktheit und Unduldsamkeit die Wurzel abgeschnitten und eine Vereinigung derjenigen Parteien, welche ein Stück Wahrheit vertreten, auf einer höheren Stufe vorbereitet werde.

4. Wir dürfen uns zu diesem Zwecke nicht außerhalb der kirchlichen Gemeinschaft stellen, in welche wir durch Erziehung und Lebensstellung gehören. Hier ist der nährende Boden für unser religiöses Leben und der Platz für unser Wirken. Hier müssen wir nach unserer Einsicht mit reiner Liebe zur Wahrheit und herzlicher Hingabe an die Brüder für die Erhaltung des Guten und die Beseitigung des Unwahren und Schädlichen thätig sein. Mit dem Volke fühlend und seine Sprache redend, müssen wir durch stete, kräftige Geltendmachung des Geistes Christi an der Hebung des sittlichen und frommen Lebens und dadurch an der Reinigung der religiösen Vorstellungen und der Förderung einer heiligen Weitherzigkeit arbeiten. Nur die völlige Unmöglichkeit, die Grundsätze und Zustände unserer Kirche mit unserem frommen Bewußtsein zu vereinigen oder etwas zur Besserung in ihr zu wirken, kann uns berechtigen oder verpflichten, entweder aus ihr auszutreten oder eine gewaltsame Bekämpfung derselben zu unternehmen. Zu letzterer gehört aber göttliche Berufung, d. h. eine zwingende Veranlassung und die hinreichende innere Ausrüstung.

5. Wir dürfen nicht schweigen, wenn priesterliche Herrschsucht die heiligsten Bedürfnisse des Volks mißbraucht, um ihr Joch ihm aufzulegen, oder wenn der Aberglaube seine Kreise immer weiter zieht und im Namen der Religion die Vernunft niedertritt, die Sittlichkeit gefährdet und die Frömmigkeit vergiftet. Wir müssen diese Dinge bei ihrem Namen nennen und dürfen den Kampf selbst dann nicht scheuen, wenn wir damit einzelnen wirklich frommen Gemütern wehethun, indem wir ihnen Unruhe bereiten und sie in der Sicherheit ihres Glaubens stören. Aber wir sollen wohl überlegen, ob

wir etwas an die Stelle des Angefochtenen zu setzen haben, was wirklich verstanden wird und die Bedürfnisse des frommen Gemüts befriedigt. Es kann uns etwas wichtig erscheinen, was für die Allgemeinheit sehr untergeordnete Bedeutung hat. Es kann uns etwas klar sein, ohne daß wir es dem Volke klar zu machen vermögen. Und was uns Sache des Gewissens ist, kann für andere Gewissen ein Fallstrick werden. Da ist große Vorsicht nötig. Philosophische und theologische Streitfragen z. B. werden wir nur in besonderen Zeiten und Fällen unter das Volk bringen dürfen. Wir werden warten müssen, bis wir sie mit gutem Gewissen als entschieden ansehn können, und dann das Ergebnis in einer Weise mitteilen, daß es überzeugt, ohne zu verwirren, und zur Klärung der Vorstellungen und zur Förderung des sittlichen und frommen Lebens dient. Auf jeden Fall aber müssen wir die Gehässigkeiten des Parteihabers meiden, denn diese sind immer vom Uebel.

6. Mit aller Entschiedenheit müssen wir dem Wissenshochmut entgegentreten, sowohl demjenigen, der im Namen einer eingebildeten Offenbarung Dinge zu wissen vorgibt, die niemand wissen kann, oder Fragen entscheidet, die in das Gebiet der Wissenschaft gehören, als auch dem anderen, der unter dem Vorwande der Wissenschaft, die Grenzen derselben überschreitend, leichtfertig über die Thatsachen des inneren Lebens aburteilt und das köstlichste Erbe der Jahrtausende mit Füßen tritt. Hier kann nur die gewissenhafteste Wahrhaftigkeit helfen, die mit der Frömmigkeit sowohl als mit der Wissenschaft den vollsten Ernst macht. Wir müssen das Ziel so hoch als möglich stecken, so lernen wir die Demut, die uns und unserer Zeit vor allem nötig ist. Wir müssen jeder Mode entgegentreten, die den geistlichen Hochmut oder den Dünkel der Halbbildung zu nähren geeignet ist. Halbbildung aber ist jede Denkweise, die den Wert des Menschen in sein Wissen verlegt, auch wenn dieses sehr groß und tief ist. Wir müssen durchaus betonen, daß wirkliche Bildung den ganzen Menschen umfassen und vor allem auf dem sittlichen und religiösen Gebiete sich offenbaren soll. Nichts ist verhängnisvoller, als die bloße Verstandesbildung, die das Gewissen so leicht ertötet und so hochmütig auf die Einfalt herabsieht. Erst wenn unsere gebildeten Stände besser und frömmer sind, als die ungebildeten, können sie die Führerrolle übernehmen und zum Heil des Volkes behaupten. Dann werden sie aber

auch nicht mehr hochmütig sein, sondern mit der Liebe Christi sich zu den Niederen herablassen.

7. Wir müssen ein Herz für das Volk haben. Mit hingebender Liebe müssen wir es zu verstehen suchen, auf seine Vorstellungsweise, seine Empfindungen und Bedürfnisse eingehen, nicht mit dem kalten Blick des Forschers, der einen Gegenstand untersuchen will, sondern mit dem herzlichen Verlangen, mit ihm zu fühlen und zu leben und ihm zu dienen. Es gibt nichts Würdigeres, dem wir unsere Aufmerksamkeit und unseren Dienst widmen könnten. Erst wenn wir die Sprache des Volkes reden können, vermögen wir es aufzuklären, ohne das Heiligtum zu entweihen, und seine Vorstellungen zu berichtigen, ohne es zu verwirren. Dabei sollen wir nur ja uns nicht einbilden, daß wir ein großes Opfer bringen und geben, ohne zu empfangen. Die sogenannten Gebildeten können des Volkes nicht entbehren, die Gesundheit ihres Denkens und Empfindens ist durch eine stete, lebendige Berührung mit demselben bedingt. Sobald sie sich von ihm loslösen, wird aus ihnen eine kränkelnde, aufgeblasene, innerlich hohle, entweder gottlose oder frömmelnde Gesellschaft.

8. Wir müssen die christlichen Grundgedanken von Sünde und Gnade, Versöhnung und Bekehrung in ihrer vollen Bedeutung zur Geltung bringen, ohne uns an ihren Ausartungen und Uebertreibungen zu beteiligen, durch welche sie einem gesunden Sinne vielfach widerlich geworden sind. Wir sollen die Menschen nicht schlimmer machen, als sie sind, nicht so von der Sünde reden, daß ein unwahres Geschwätz daraus wird, nicht unnatürliche Gefühle zu erregen suchen, nicht den Herzenszustand nach Aeußerlichkeiten beurteilen und die Bekehrung von dem Bekenntnis zu einer erkünstelten Glaubenslehre oder einer vorgeschriebenen Reihenfolge geschraubter Empfindungen abhängig machen. Aber ebensowenig dürfen wir der Gewissenlosigkeit Vorschub leisten, die alles gut und recht findet und den lieben Gott in weite Ferne rückt, wo er mit dem Thun und Treiben der Menschen nichts zu thun hat. Das Böse muß mit aller sittlichen Strenge als Böses verurteilt und mit vollem religiösen Ernst als Sünde gefühlt werden, als eine Auflehnung des Menschen gegen seinen höchsten Herrn und sein einziges Heil, wodurch er sich von ihm scheidet und seines wahren Lebens verlustig geht, wie das Blatt verwelkt, das vom Baume losgerissen wird. Und es gibt keine Rettung, als wenn der Sohn

reuig und Gnade suchend zum Vater zurückkehrt. Der Stolz muß gebrochen, das harte Herz erweicht werden, wir müssen Kindessinn bekommen. Mit kindlichem Geiste müssen wir voll und ganz Gott uns hingeben, nichts für uns sein, sondern alles von ihm allein empfangen wollen und alles wieder ihm weihen, seiner Gnade leben, ohne Selbstruhm, alles von ihm hoffend, in freier Liebe ihm dienen und sein Gesetz als das ewig und allein Gute befolgen. Das ist Versöhnung. Und wer also versöhnt ist, der ist bekehrt. Wir müssen aus dem Schlafe, dem dumpfen Brüten, der innern Zerrüttung, der Gottvergessenheit und Gottverlassenheit zu hellem, lichtem, friedvollem Leben in Gott, aus der Knechtschaft zur Freiheit erwachen. Das thut unserer Zeit not und geschieht, wo der Geist Christi zur Entfaltung kommt.

9. Wir müssen durchaus wahrhaftig sein und lieber auf Einfluß und das Glück der Gemeinschaft verzichten, als einer wissentlichen Unwahrheit uns schuldig machen. Wir sollen die Sprache des Volkes reden, aber nur so weit, als wir wahre Gedanken und Empfindungen darin ausgesprochen finden. Niemals dürfen wir sagen und lehren, was wir nicht fühlen und glauben. Wir müssen in der geeigneten Form durchaus die Erkenntnis zu fördern suchen, daß wir von Gott und göttlichen Dingen stets nur unvollkommen denken und reden können. Nie dürfen wir uns so hinstellen, als sei unsere religiöse Ausdrucksweise die allein und für alle Zeiten richtige. Wir müssen uns streng hüten, in unseren Gefühlen unwahr zu werden und etwas als unsern regelmäßigen Gemütszustand mitzuteilen, was nur das Werk der Gewaltthat an unserer Natur ist. Denn damit verführen wir andere zu gleicher Lüge. Verführung zur Lüge ist es auch, wenn wir von allen gleiche Gefühle und gleiche Ausdrucksweise derselben fordern. Namentlich an der Jugend wird schwer gesündigt, wenn man ihr zumutet, ebenso zu empfinden, wie es erst dem späteren Alter entspricht. Unwahr ist es überhaupt, wenn alles Gewicht auf das Fühlen gelegt, und demgemäß die Pflege der Religion in einseitiger Weise zur Lebensaufgabe gemacht wird. Das Reich Gottes ist nicht nur Pflege der Frömmigkeit, sondern Entwicklung aller menschlichen Kräfte nach dem Willen des Schöpfers, und es darf keine für den Einzelnen und für die Menschheit notwendige Thätigkeit auf Kosten einer anderen unterdrückt werden, wenn die Gesundheit bewahrt bleiben soll. Die Religion darf die wahre Natur

in keinem Stücke beeinträchtigen, für nichts wahrhaft Menschliches abstumpfen; sie soll vielmehr das Natürlichste von allem sein und die Natur in ihrem ganzen Umfange als den Ausdruck des göttlichen Willens erkennen lehren. Darum zieht gerade auf diesem Gebiete alle Unnatur und Unwahrheit die schlimmsten Folgen nach sich, und jeder wirkliche Fortschritt und jede Erneuerung des religiösen Lebens in der Geschichte ist eine Vereinfachung, eine Zurückführung desselben aus der Verkünstelung zur Naturwahrheit gewesen. Das ist auch die Aufgabe unserer Zeit.